한경 **CAREER**

인터넷 검색은 그만!
반드시
이기는 면접

Contents

프롤로그
스텝 바이 스텝, 이기는 면접을 위한 첫걸음 ... 8
반드시 이기는 면접 4 Step ... 10

STEP 1

분석

마음가짐 &
마인드
리셋하기

STEP 1 - 분석
왜 나는 떨어지고 쟤는 합격했지? ... 14
- **01** 탈락 이유는 수만 개, 합격 비결은 단 한 개 ... 16
- **02** 100문 100답의 덫 ... 18
- **03** '나다운' 답변으로 어필한다 ... 20
- **04** 오고 가는 모든 대화가 기회다 ... 22
- **05** '면접'에 대한 정의 다시 하기 ... 24
- **06** 면접관은 오랜만에 만난 이웃사촌 ... 26
- **07** 비언어적 태도 점검하기 ... 28
- **08** 나는 어떻게 말하고 있을까 + WORKBOOK ✏ ... 32
- **09** 호감형 인재는 '언행일치형' ... 36
- **TIP** 면접 유형 알아보기 ... 38
- **TIP** 면접 유형별 전략 ... 40

STEP2

준비

나만의
에피소드를
찾아라

STEP 2 - 준비

예상하지 못한 질문에 당황하고 말았어요　　　　44
- ⑩ 합격의 지름길은 나만의 길 찾기　　　46
- ⑪ 면접의 예상 질문　　　48
- ⑫ 자신을 객관적으로 판단하라　　　50
- ⑬ 나는 어떤 사람일까?　　　52
- ⑭ 이상과 현실 간극 줄이기 + WORKBOOK ✏　　　54
- ⑮ 거꾸로 준비하는 면접 + WORKBOOK ✏　　　58
- ⑯ 구체적인 에피소드 추출하기 + WORKBOOK ✏　　　62
- TIP　나만의 일곱 가지 에피소드 고르는 기준　　　66
- ⑰ 자기소개서와 이력서에 에피소드 심기　　　68
- ⑱ 기본 질문에 에피소드로 답변하기　　　70
- ⑲ 어떤 질문이 나와도 문제없이 답변한다　　　72
- TIP　자기소개서·이력서의 디테일　　　74

STEP3

실전

면접에서
보여주는
태도

STEP 3 - 실전

우리는 우리 자신을 잘 모른다　　　　78
- ⑳ 신뢰할 만한 생각의 틀 만들기 + WORKBOOK ✏　　　80
- ㉑ 같은 말도 센스 있게 하는 방법　　　84
- ㉒ 발성과 발음, 목소리 다듬기　　　88
- TIP　이미지별 발성 연습법　　　90
- ㉓ 버려야 할 말 습관　　　92
- TIP　말하기 실력을 향상할 수 있는 방법　　　94
- ㉔ 긴장감 다스리기　　　96
- TIP　면접 복장 가이드　　　100
- TIP　면접 매너 가이드　　　104
- TIP　면접 질문 가이드　　　106

면접 가이드 퀵 메뉴 20

PLUS+

웃는 얼굴은 누구도 이길 수 없다	110
처음도 인사, 마지막도 인사	111
대답보다 태도	112
이름은 나를 보여주는 브랜드	113
첫인상은 많은 것을 결정한다	114
이미지 스타일링을 활용하라	115
글을 잘 쓰면 말도 잘할 수 있다	116
자기소개서 미리 써두기	117
긴장해서 말이 꼬일 때	118
긍정의 단어에서 오는 힘	119
모를 땐 모른다고 말하기	120
미리 경험해본 듯 상상하기	121
인터넷 화법, 줄임말, 유행어를 조심하라	122
명언이나 격언 한 가지 기억하기	123
긴장하면 얼굴 빨개지는 사람	124
물은 목을 축이는 정도만	125
면접관 눈을 마주치기 어려울 때	126
편안한 말투가 신뢰감을 높인다	127
손은 어디에 두어야 할까	128
마지막 질문은 이렇게	129

QnA 그래도 궁금한 것

QnA

01	자기소개서를 잘 쓰고 싶은데, 너무 뻔한 내용만 써져요	132
02	면접관들이 실제로 가장 좋은 평가를 내리는 기준은 무엇인가요?	134
03	일하는 목적이 무엇인지 묻는데, 아무리 생각해도 '돈 버는 것'밖에 떠오르지 않아요	136
04	같은 직무라도 기업마다 하는 일이 다른데, 디테일한 정보를 획득하는 팁을 알고 싶어요	138

05	입사 후 포부에 대한 질문에 어떻게 대답해야 할지 모르겠어요	140
06	회사에서 불합리한 일을 요구한다면 어떻게 하겠냐는 질문에는 뭐라고 답변하면 좋을까요?	142
07	경력을 쌓고 오라는데 어디서 경력을 쌓아야 되나요?	144
08	경험을 많이 해야 할지 스펙을 쌓아야 할지 궁금합니다	146
09	나만의 경쟁력을 찾으라는데, 너무 막연해요. 구체적인 방법을 알고 싶어요	148
10	장단점을 어떤 방향으로 써야 할지, 어디까지 나를 드러내야 할지 고민입니다.	150
11	나의 단점이나 약점은 잘 알겠는데, 장점이나 강점은 잘 모르겠어요	152
12	살아온 스토리텔링을 부풀려 쓰면 거짓말하는 것 같고, 사실대로 쓰자니 약점이 될 것 같아요	154
13	남이 하기 싫은 일을 한 경험을 말해보라는데, 다른 사람도 하기 싫은 일을 제가 왜 해야 하는지 모르겠어요	156
14	노력해서 잘할 수 있다는 걸 면접에서 어떻게 보여줄 수 있을까요?	158
15	능력은 어떻게 증명하는 건가요? 면접관은 면접을 보는 짧은 시간에 그 능력을 알 수 있나요?	160
16	마지막에는 뭐라고 해야 좋은 인상을 남길 수 있나요?	162
17	무난하게 답변하는 것이 좋을까요, 개성 있게 답변하는 것이 좋을까요?	164
18	예상 질문과 답변을 생각하지만, 이게 맞는 답변인지 모르겠어요	166
19	면접 보다가 왠지 망한 것 같다는 느낌이 들 땐 어떻게 해야 하나요?	168
20	경력 단절이나 휴식 기간에 대해 항상 물어보는데, 어떤 대답이 좋을지 모르겠네요	170

Final check   172

프롤로그

> "
> 스텝 바이 스텝,
> **이기는 면접을 위한
> 첫걸음**
> "

면접을 앞둔 여러분, 요즘 어떤 일상을 보내고 있나요?
문득 밤잠을 설치며 밤새 불안함에 떨던 예전 제 모습이 떠오르네요.

무슨 질문을 할까, 얼마나 떨릴까, 대답을 하지 못하면 어쩌지?
온갖 초조한 마음이 밀려와 두렵고 막막하겠죠.
혹은 미처 다 채우지 못한 나의 빈 이력서가 부끄럽고
초라하게도 느껴질 겁니다. 극도의 긴장감과 낯선 환경,
옆자리 반듯한 경쟁자들 속에서 나를 확실히 보여줘야 하지요.

사실 면접은 그 어떤 시험보다 단순합니다. 면접 준비의
메커니즘만 잘 이해하면 어떤 시험이든 아주 쉽고 효율적으로
준비할 수 있죠. 당연히 자신감은 자연스레 따라오고요.

이 책은 면접을 앞두고 수많은 자료와 방대한 조언 속에서
길을 잃은 여러분을 위한 지름길 안내서입니다.
어떤 분야, 어떤 유형의 면접이든 하나의 맥락으로 준비하는
단순하지만 분명한 연습 방법을 제시합니다.

면접은 이제 어렵고 힘든 시험이 아닙니다.
여러분의 꿈을 펼치기 위한 첫 번째 성공의 문을 열 수 있도록
지금부터 저의 모든 면접 노하우를 공개합니다.
여러분의 성공을 빕니다.

2023년 9월의 어느 날.
저자 장선영 올림

반드시 이기는 면접 4 Step

1 Step
객관적인 자기 분석

2 Step
일곱 가지 에피소드 추출

객관적인 자기 분석

- **내가 원하는 나의 모습 설정**

  주변에서 많이 듣는 이야기와 내가 생각하는 내 모습을 비교해 원하는 최종 이미지 설정

- **말하기 습관 분석**

  언어 습관 및 비언어적 요소 파악 (ex. 눈빛, 표정, 서 있는 자세 등)

- **이미지 분석**

  발음, 발성, 목소리 톤, 비언어적 요소 활용도 및 이미지 체크

일곱 가지 에피소드 추출

- **누구도 흉내 낼 수 없는 에피소드**

  면접에서 꼭 이야기하고 싶은 나만의 에피소드 일곱 가지 정리

- **자소서 및 이력서 작성**

  에피소드를 자기소개서에 녹여 작성

- **이미지 보완**

  내가 원하는 이미지에 부족한 부분 체크(ex. 의상, 헤어 등)

3 Step
실전 연습

4 Step
심화 단계

실전 연습

- **일곱 가지 에피소드 활용**

    어떤 질문을 받더라도 일곱 가지
    에피소드로 답변하는 연습

- **표정·인사**

    거울, 카메라 등을 이용한 미소 연습,
    인사 연습

- **말하기**

    무의식적 말 습관을 주의한 반복 연습

심화 단계

- **긴장감 제어 및 마인드컨트롤**

    실제 면접과 유사한 환경을
    머릿속으로 상상하며 긴장감 낮추기

분석

마음가짐 &
마인드 리셋하기

STEP 1

면접을 시험이 아니라 성장의 기회라고 생각하면 이길 수 있다

Situation

왜 나는 떨어지고
쟤는 합격했지?

짝사랑하던 사람이 있었어요. 그 사람의 마음을 얻고 싶었죠. 내 모든 것을 내어주겠다는 간절한 마음으로 시간과 비용, 노력을 들여 수개월을 온전히 그 사람에게 쏟았어요. 시간이 갈수록 바닥을 치는 자존감과 흔들리는 마음을 불끈 다잡으며 정말 절절히 사랑했습니다. 그런데 아뿔싸. 어느 날 아침, 그는 고작 문자 한 통으로 내게 이별을 통보했어요.

> *귀하의 뛰어난 역량에도 불구하고 높은 경쟁률로 인해 안타깝게도 이번 기회에 귀하를 모실 수 없게…*

이번엔 느낌이 꽤 좋았거든요. 이제는 됐다 싶었죠. 그런데 결과는 역시 꽝. 이번에도 나는 아니라네요. 면접에서 떨어진 날이요? 그 마음을 말로 표현할 수 있나요. 열심히 짝사랑하던 사람에게 이유도 모른 채 차인 날처럼 쓰라리고 아프죠. 거리를 바삐 지나가는 사람들 틈에 나만 도태된 느낌이랄까. 마치 세상에 쓸모없는 사람이 된 것처럼 쓸쓸하고 공허하죠. 하필 그 순간, 눈치 없는 휴대폰 알람이 울려요.

KYOBO 교보문고 매장전화: (051)743-3501

[취업/수험서] 면접관을 사로잡는 해커스 면접 전략

신길자 | 해커스잡 | 2024.03.29 | 18,900원

재고 : 1부 (~재고는 실시간으로 변경)

[D궤 0-17] 평반
취업일반 > (2) 시사시/면접

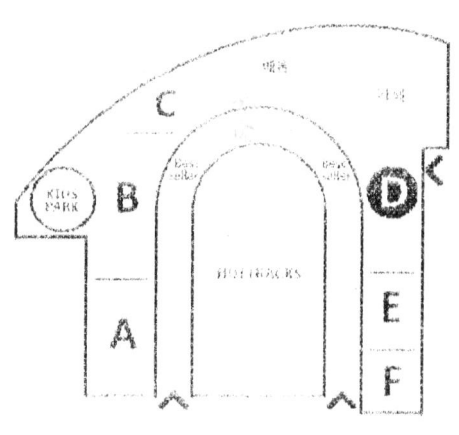

ISBN 9788969654854

※ 통합포인트 적립/사용 안내
- 통합포인트 적립 제외 품목 : 교과서 및 방통대교재, 직수입 일본/중국도서, 상품권, 문구/음반 중 일부 상품, 디지털상품, 행사상품, 통합포인트 및 마일리지 사용분, 할인쿠폰, 포장봉투, 배송비, 일부상품 능 제외
- 통합포인트는 적립일로부터 1년간 유효하며, 유효기간이 경과된 포인트는 소멸
- 반품, 품절 등으로 사용분을 반환시 시에는 사용시점의 잔여유효기간으로 환원
- 국내도서 구매 시 추가 적립은 도서정가제 범위 내에서 적용
 (외국도서/음반/DVD 구매시에는 기존과 같이 추가 적립됨)

KYOBO

할 부 거 래 계 약 서

제1조 **(할부수수료율)** 할부수수료율의 실제 년간요율은 [표1]과 같다.
제2조 **(목적물의 인도등)** 목적물의 인도는 할부거래 계약서를 교부받은 날을 인도일로 한다.
제3조 **(회원의 철회권)** 회원은 할부매출일로부터 7일 이내에 가맹점에 서면으로 할부거래의 철회를 청구할 수 있으며, 가맹점으로 철회요청을 한 경우에 가맹점은 철회요청 사실을 첨부한 서면을 신용제공자에게 제출(발송)함으로써 할부거래에 관한 계약의 철회를 요청할 수 있다. 단, 상품의 성질 또는 계약체결의 형태에 비추어 철회를 인정할 수 없는 경우와 회원의 귀책사유에 의하여 상품의 멸실, 훼손 되었을 경우 또는 20만원 이하의 상품인 경우에 철회할 수 없다.
제4조 **(회원의 항변권)** 할부구매에 대한 분쟁에 있어 할부거래에 관하여는 제12조 제1항에서 정한 요건에 해당하는 경우 회원은 신용제공자에게 분쟁의 해결을 요청하고 대금지급을 거절할 수 있다. 단, 상행위 목적의 거래나 신용카드 본래의 용도 이외의 거래로 판단되는 경우 또는 20만원 미만인 경우는 제외된다.
제5조 **(회원의 기한이익 상실)** 회원은 할부청구금을 2회이상 연속 연체하고, 연체금액이 할부청구금의 1/10을 초과하는 경우등에는 할부금 지급에 대한 기한의 이익을 주장하지 못한다.
제6조 **(회원의 소유권 유보)** 회원은 할부계약이 종료되기 전까지 목적물의 소유권이 유보될 수 있다.
제7조 **(가맹점의 할부계약 해제)** 가맹점이 회원의 할부금 지급의무 불이행을 이유로 할부계약을 해제하고자 하는 경우에는 14일이상의 기간을 정하여 그 이행을 서면으로 회원에게 최고하여야 하며, 당사자는 그 상대방에 대하여는 원상회복의 의무를 진다. 또한, 소유권이 가맹점에 유보된 경우에 가맹점은 계약을 해제하지 않고는 그 반환을 청구할 수 없다.
제8조 **(특약사항)** 신용카드업자 상호간의 업무제휴 계약에 따라 매출표 전면에 표시된 카드 발급사가 하단의 신용제공자와 다른 경우에는 카드 발급사를 신용제공자로 본다.

[표1] 신용제공자의 주소 및 할부수수료율

카 드 사	주 소	할부수수료율
롯 데 카 드	서울 종로구 새문안로 76	년 7.1 ~ 19.9 %
비 씨 카 드	서울 중구 을지로 170 율지트윈타워	년 7.9 ~ 20.0 %
삼 성 카 드	서울 중구 세종대로 67	년 10.0 ~ 19.9 %
신 한 카 드	서울 중구 을지로 100 파인애비뉴 신한카드	년 9.5 ~ 19.9 %
우 리 카 드	서울 종로구 종로1길 50 더케이트윈타워	년 9.5 ~ 19.5 %
하 나 카 드	서울 중구 을지로 66 (을지로 2가)	년 9.2 ~ 19.95 %
현 대 카 드	서울 영등포구 의사당대로 3 현대카피탈빌딩	년 9.5 ~ 19.9 %
KB 국민카드	서울 중구 새문안로 3길 30	년 8.6 ~ 19.95 %
NH 농협은행	서울 중구 통일로 120	년 10.5 ~ 19.90 %

※ 상기 할부수수료율은 카드사 사정에 따라 변경될 수 있습니다.

철회·항변요청서

상품구매일	구매장소	구매품목	금액

야!!! 나 붙었어!!! 와…. 진짜 대답 제대로 못하고 나와서 떨어질 줄 알았는데… 대박!!!

흥분한 감정이 고스란히 묻어 있는 친구의 메시지였네요. 부럽다, 하면서 삐쭉대는 내 마음 사이로 겨우 "축하해" 한마디 내뱉고는 내 자신에게 되묻습니다.

'하…. 나는 왜 떨어졌을까?'

면접은 고도의 심리전입니다. 특히 동기나 친구가 먼저 면접에 떡하니 붙으면 얼마나 조급하고 예민한지요. 내가 무엇이 부족했나, 온갖 인터넷 정보를 뒤지고, 출처를 알 수 없는 소위 '카더라' 통신에 의지하며 나의 면접을 1초 단위로 돌아보곤 하죠.

게다가 면접은 여러 회사에 동시에 응시하는 경우가 많습니다. 한 회사당 여러 차수의 면접을 보기도 하고요. 그 때문에 앞선 면접을 망치면 다음 면접을 준비하는 과정 그 자체가 내내 마음의 지옥입니다. 얼마나 괴로운지요. 종일 울다가 웃다가…. 끊임없는 나와의 싸움이 시작됩니다.

[STEP 1 - 분석]

 # 탈락 이유는 수만 개, 합격 비결은 단 한 개

💔 WORST 왜 내가 떨어진 걸까? 분명 뭔가 잘못한 게 있을 텐데…
면접에서 탈락한 이유를 머릿속에서 계속 곱씹는다. 떨리는 손으로 노트에 적어놓은 면접 질문과 나의 답변을 비교해보며 어디서 미묘한 실수를 한 건지 찾아내려고 한다.

👍 BEST 내가 면접관이라면 어떤 모습을 보고 합격시킬까?
합격자들의 성공 비결을 파악하려 노력한다. 그들의 콘텐츠를 그대로 따라 하기보다 그들의 전략과 태도를 분석한다.

무의미한 자문

면접에서 탈락하는 것은 사회 초년생으로서 처음 마주하는 좌절감이다. 특히 면접은 시험처럼 명확한 점수로 결과를 판단할 수 없어 '왜 떨어졌는지'를 분석하기가 쉽지 않다. 알 수 없는 이유로 탈락하면 '내 실력이 부족한 걸까' 하는 생각에 시달리며 자책하게 된다. 이런 심정으로 다음 면접에 임하면 좋은 결과를 얻기 어렵다. 게다가 동일한 조건의 지원자들 사이에서 면접 당락의 이유는 예측하기 어려운 수수께끼다. 아무리 생각해도 알 수 없는데, 어떤 이유로 한 사람은 합격하고 다른 사람은 탈락하는지 궁금해하면서 무의미한 자문에 빠지게 된다.

탈락한 이유를 찾지 말 것

사실 탈락 이유는 다양하다. 회사 내부 사정이나 면접관의 주관적인 판단도 결과에 영향을 미친다. 면접관 역시 사람이기 때문이다. 또한 예상치 못한 사건이나 상황 때문에 면접 결과가 달라질 수 있다. 결국 탈락 원인을 파악하는 것은 보물찾기를 하는 것보다 어렵다. 찾기 힘들고 난해하다. 하지만 여기서 한 가지 생각해볼 만한 점이 있다. 탈락 원인은 알 수 없어도 합격의 비밀이 있을 수 있다는 것이다. 많은 구직자를 보면, 탈락한 사람들에게는 다양한 이유가 있지만 합격한 사람들에게는 몇 가지 공통점이 있다. 이들의 경험을 통해 무엇을 배울 수 있는지 생각해보자.

합격할 요인에 집중하자

면접에서 탈락한다면, 실패에 집착하기보다 다시 한번 도전해 합격하기 위해 노력하는 것이 중요하다. 성공과 실패는 인생 여정의 한 부분이다. 계속해서 나아가는 것이다. 또한 시야를 넓혀 다양한 회사와 분야에 지원하며 폭넓게 발전하는 기회를 갖는 것이 좋다. 이를 통해 새로운 기회를 발견할 수도 있다. 시간을 투자하는 것은 언제나 가치가 있다. 사람은 누구나 장점이 있고 그걸 돋보이게 해야 한다.

[STEP 1 - 분석]

100문 100답의 덫

🚩 WORST 질문, 두렵지 않아! 나는야 암기왕

서류 심사에 통과했다. 기쁜 마음으로 예상 질문을 검색해 리스트를 만든다. 면접장에서 면접관이 물어보는 질문에 막힘없이 대답할 수 있도록 답변을 달달 외운다.

👍 BEST 불안해하기보다 긍정적인 마인드컨트롤하기

합격한 뒤 '면접관이 학점이 왜 이렇게 낮냐고 물어보면 뭐라고 할까?', '벌써 떨리는데, 울면 어쩌지?'라고 미리 걱정하지 않는다. 면접의 메커니즘을 이해하고 면접 준비를 어떻게 할지 계획한다.

흔한 취준생의 면접 준비

- '오, 서류 붙었네? 면접 준비 시작해야지!'
- '인터넷을 뒤졌더니 기출문제, 면접 질문 100문 100답, 3분 완성 면접 이런 거 많네? 무조건 자료부터 모아야지.'
- '예상 질문 다 적었더니 헉, 무려 300개! 일단 답을 달자.'
- '밤새서 답 다 달았으니까, 이제 답을 외우자. 여기서 질문이 안 나올 수 있겠어? 이렇게나 많은데?'

아마도 익숙한 상황일 것이다. 바로 많은 구직자가 거치는 면접 준비의 일부다. 이력서를 제출하면, 다양한 방법으로 예상 질문을 수집하고 정성껏 답변을 준비하곤 한다. 수많은 질문 중에서 여러분의 면접에서 진짜로 나올 질문은 몇 개나 될까?

불안을 달래기 위한 자기 합리화
불행히도 매우 적을 가능성이 높다. 몇 가지 질문에 대비하기 위해 너무 많은 노력을 기울이며 답변을 외우는 것은 시간 낭비다. 이런 작업은 결국 스스로 불안을 달래기 위한 방식에 불과하다. 여기서 중요한 것은 이런 시도가 면접에 실질적인 도움이 되지 않는다는 것을 이해하는 것이다. 이런 작업은 단지 자신을 위로하는 행위일 뿐이다.

실제 면접장에서 오고 가는 대화
"안녕하세요, 앉으세요!"
"오늘 날씨가 덥죠. 기다리느라 고생하셨을 거예요."
"저희 회사는 처음이신가요? 와보니 어떤가요?"
면접장에 들어가면 이런 일상적인 대화가 오고 간다. 여러분이 준비한 질문 리스트에 있는 질문인가? 면접자 대부분이 일상적인 대화가 평가의 일부라는 점을 받아들이기 어려워한다. 그러나 면접은 면접장의 문고리를 잡는 순간 시작된다. 긴장한 탓에 대답을 얼버무렸다면 기회를 하나 놓친 셈이다.

[STEP 1 - 분석]

'나다운' 답변으로 어필한다

👎 WORST 화려한 언변으로 모두를 놀라게 만들어야지
예상 질문에 대한 대답의 퀄리티가 중요하다고 생각해 남들의 답변을 복사 붙여 넣기 한다. 내 이야기가 아니더라도 내 것처럼 말하는 연습을 한다.

👍 BEST 나는 어떤 사람일까, 어떤 모습을 보여줘야 할까?
화려한 스펙이나 대단한 성과가 아니더라도 솔직한 내 모습을 어필한다. 내 인생을 돌아보고 여느 사람들과 다른 나만의 이야기를 생각하는 데 오랜 시간을 투자한다.

대부분 어디서 들어봤을 법한 대답은 금물
실제 면접관으로 질문을 하며 느낀 점은 각기 다른 사람들이 와서 면접을 봐도 질문에 대한 답변이 왠지 낯설지 않다는 것이다. 어디에서 한번쯤 들어본 것 같은, 주어가 바뀌어도 이상하지 않은 에피소드인 것. 방금 전 만난 지원자가 한 이야기를 다음 지원자에게 또 듣게 된다. 인터넷 자료에서 찾은 답변이 아닌가 싶을 정도다. 실제 면접에서 본인의 이야기를 하는 지원자를 찾아보기 어렵다.

자아 성찰 시간이 부족하다

그 이유는 간단하다. 우선 질문을 모으는 과정에서 자기 자신에 대해 깊이 고민할 시간이 부족한 것이다. 나의 단점이 무엇인지, 앞으로의 계획은 무엇이며 스스로를 뭐라고 표현할지, 이런 생각을 할 틈이 없다. 그러다 결국은 인터넷을 뒤져보게 되는 것이다. 블로그, 카페, 유튜브, SNS까지 모두 찾아본 뒤 내 장단점과 앞으로의 목표를 정리한다. 그렇게 되면 답변이 당연히 비슷해진다. 인터넷에 나온 정보는 모두가 참고하는 정보기 때문이다.

면접은 자신의 경험과 가치관을 공유하는 자리

하지만 면접에는 정답이 없다. 면접은 여러분의 인생을 잠시 들여다보는 시간이라 할 수 있다. 단순히 능력을 측정하는 과정을 넘어서 지원자의 개성과 독특한 경험을 보여주는 기회다. 나만의 이야기를 통해 어떻게 문제를 해결했는지, 어떤 가치관을 가지고 있는지, 어떻게 성장하고 발전했는지를 알리는 시간이다. 다른 사람의 이야기가 아닌 여러분 스스로의 이야기가 바로 차별점이 된다.

나만의 정체성이 담긴 대답을 하라

면접관은 정답이 아닌 지원자의 진정성과 개인적인 성장을 가치 있다고 여긴다. 가장 기본적이면서도 어려운 일이다. 다른 사람의 답변으로 대체할 수 없는, 나만의 정체성이 담긴 대답이야말로 최고의 경쟁력이다.

[STEP 1 – 분석]

오고 가는 모든 대화가 기회다

🖤 WORST 준비한 질문이 아닌 다른 질문이 나오면 당황스러워한다
"오는 길은 어떠셨나요"라는 일상적인 질문에도 당황하며 어떻게 대답해야 할지 망설인다. 또는 흔한 인사치레라고 생각하고 얼버무리며 상황을 넘기려고 한다.

👍 BEST 자연스럽게 대화하며 긍정적 에너지를 분출한다
열린 자세로 면접관의 질문에 대답한다. 예상하지 못한 질문이 나와도 자신만의 대화 스타일로 긍정적인 인상을 남긴다.

면접은 100문 100답이 아닌 소통
면접에 임할 때는 상대방의 질문을 대화의 일부로 받아들이자. 예상 밖의 질문을 받더라도 자연스럽게 대답할 수 있을 것이다. 어떤 평가를 받을지 불안한 나머지 질문만 골똘히 생각하다간 낭패를 볼 수 있다. 면접관 역시 사람이기 때문에 어떤 질문을 할지도 100% 예측하기 어렵다.

면접용 질문은 없다
아나운서 시험 면접 당시 면접관이 처음으로 던진 말은 "오늘 날씨가 좋네요"였다. 당시에는 아무 말도 할 수 없었다. 여러분이라면 어떻게 반응했을까? 나는 그 인사를 대수롭지 않다고 여겼다. 그리고 자리에 앉아 면접용 질문을 기다렸고, 그 면접에서는 탈락했다. 면접을 시험으로만 생각하면 반복적이고 수동적인 질문과 답변만 주고받을 뿐이다.

면접장에서 마주치는 모든 사람이 면접관

면접장 내부뿐만 아니라 화장실이나 복도에서도 모든 행동이 평가 대상이라는 점을 염두에 두어야 한다. 면접관 이외의 다른 사람들과 대화를 할 때도 예의와 예절을 지킬 필요가 있다. 다른 사람들과 주고받는 짧은 대화도 회사 문화와 기업의 가치관을 파악하는 데 도움이 될 수 있다. 회사 내 구성원과의 모든 만남은 평가에 영향을 미칠 수 있다는 점을 기억하고 면접 당일에는 모든 상황에서 존중과 예의를 갖추는 것이 좋다.

[STEP 1 – 분석]

 '면접'에 대한 정의 다시 하기

🚩 WORST 이것마저 떨어지면 안 돼! 내 삶의 가장 중요한 시험이야
면접을 무서운 시험이자 불확실한 미래를 직면하는 시간이라고 받아들인다. 불안과 자신감 부족에 시달리며 면접 전날까지 밤잠을 이루지 못한다.

👍 BEST 면접이란, 서로 잘 맞는 동료를 만나기 위한 자리야
질문에 대한 완벽한 답변을 준비하기보다 상호 대화가 통하는지를 중요하게 생각하고, 함께 일할 가능성을 탐구한다. 긴장하지 않고 호기심과 긍정적인 태도로 임한다.

> ### 면접이 긴장되는 이유
> 면접을 준비하는 사람 중에 긴장을 하지 않는 사람이 있을까? 면접관이 어떤 사람일지, 남자일지 여자일지, 나이가 많을지 적을지 상상하며 면접 준비를 한다. 면접이 긴장되는 이유도 비슷하다. 낯선 환경과 분위기, 면접관의 눈빛을 보면 떨리는 것은 무엇보다 내 앞날을 결정하는 시험이라는 생각 때문이다. 면접은 당락이 있는 시험이다. 그걸 부정할 순 없다. 하지만 시험 범위가 특정돼 있지 않다. 내 생각, 의

견, 인생 목표, 삶에 대한 관점 등 나의 삶 전부가 면접 범위다. 방대한 범위 탓에 긴장돼 두려운 감정이 들 수도 있다. 하지만 다른 시각으로 보자. 그 범위만큼 내 이야기를 자연스럽게 들려줄 수 있는 기회다.

회사가 면접을 보는 진짜 목적 알기

비록 나를 평가하는 자리지만, 면접의 진짜 목적은 회사에서 희로애락을 함께할 동료를 찾는 것이다. 조직에 조화롭게 어울릴 수 있는지가 평가에서 중요한 요소가 된다. 만약 내가 이 회사에 합격한다면 면접관과 함께 하는 프로젝트에 참여할 가능성도 있다. 그런 상황이라면 면접처럼 주어진 질문에 대답하는 것이 아니라 의견을 주고받고 다른 사람과 자연스럽게 교류하기 위해 노력해야 하지 않을까? 면접은 이러한 모습을 미리 시연해주는 자리라고 할 수 있다. 사고방식을 완전히 변화시켜야 한다. 면접은 단순한 시험이 아니라 대화의 자리다.

[STEP 1 - 분석]

면접관은 오랜만에 만난 이웃사촌

👎 WORST 저 사람이 날 떨어뜨리면 어쩌지?
면접장에 들어서는 순간 심장 뛰는 소리가 들릴 정도로 긴장한다. 상상 속의 면접관은 냉혹하게 판단하고 평가하는 존재다.

👍 BEST 배울 점이 많은 어른이라고 생각하자!
면접관을 어른스러운 조언과 격려를 해주는 존재로 생각한다. 마치 가벼운 수다처럼 생각하며 접근하면 자연스럽게 따뜻한 웃음과 상냥한 말씨가 된다.

면접관을 다른 사람이라고 생각해보기
면접을 앞두고 불안한 당신을 더 긴장하게 만드는 것은 면접장에 들어가는 순간 매의 눈초리로 쳐다보는 면접관이 아닐까. 단순하게 접근해보자. 면접관을 면접관이 아닌 다른 사람이라고 생각하는 것이다. 속마음을 드러내기는 어렵지만 예의를 갖춰야 하는 사람들이 주위에 있을 것이다. 이런 사람이 면접관이라고 상상해보라. 이웃사촌을 떠올릴 수도 있다. 면접장에서 오랜만에 지인을 만났다고 생각하고 편안하고 예의 바르게 대화하면 된다.

시작이 다르면 끝도 다르다

"안녕하세요. 오늘 날씨가 좋네요"라는 질문을 이웃 주민에게 받는다고 생각한 뒤 답변하면 어떨까? "네, 정말 날씨가 좋더라고요. 진짜 봄인 것 같아요"라고 답변할 수 있다. 나아가 "덕분에 오늘 면접장에 기분 좋게 오게 됐어요. 면접도 열심히 하겠습니다!"라고 덧붙일 수도 있다. 이러한 태도를 기세라고 한다. 긍정적인 시작이 긍정적인 마무리로 이어지는 것이다. 이제부터 면접관은 가까운 이웃 주민이라는 생각으로 면접을 준비해보자.

면접에서 마주하는 안타까운 상황

과하게 긴장한 탓에…

"안녕하십니까, 저는… 자… 자신감 있는 사람입니다."
본인은 입으로는 자신감이 넘친다고 말하지만,
눈은 갈 곳을 잃고, 목소리는 떨리는 유형

소극적인 태도와 그렇지 못한 말의 내용

"저의 장점은 활발하고 사교적인 성격입니다."
움츠린 어깨와 굳은 표정, 기어들어가는 작은
목소리인데 본인은 모두와 잘 어울리는
활발한 성격의 소유자라 말하는 유형

화를 내거나 울거나

"아까 제 말은(울먹)… 아니, 그렇게 말씀하시면(불끈)!"
면접관의 질문에 본인의 감정을 제어하지 못하고
그대로 표출하는 유형

[STEP 1 - 분석]

비언어적 태도 점검하기

🚫 WORST 말만 잘하면 충분하다고 생각해

입사하고 싶은 기업의 면접에서 질문에 대한 답변을 막힘없이 했으나 면접관에게 일하고자 하는 열의가 보이지 않는다는 피드백을 받았다.

👍 BEST 비언어적 부분을 이용해 입사 의지를 전달한다

온몸으로 이 회사에 입사하고 싶다는 열의를 보인다. 질문을 받으면 알고 있는 선에서 성실히 답변하면서 또렷한 눈빛과 당당한 자세로 긍정적인 인상을 심어 준다.

말을 잘한다는 것은 액션을 잘한다는 것

시선은 허공을 바라보고, 긴장한 목소리는 불안하게 떨리며, 굳은 표정을 한 면접자가 본인을 자신감 있는 사람이라고 어필한다면, 그 말을 믿을 수 있을까? 소극적인 자세로 입도 크게 벌리지 않고 목소리도 작은 면접자가 활발하고 사교적이라고 한다면 어떨까? 다음의 상황을 보자.

A: *"(미안한 표정으로) 일이 그렇게 될 줄 몰랐어. 미안해."*

B: *"(뾰로통한 표정으로 입을 삐죽 내밀며 퉁명스럽게) 됐어. 괜찮아."*

이 대화 속 B는 "괜찮아"라고 말한다. 보통 이 말은 '모든 것이 다 문제없다'는 긍정의 의미로 사용된다. OK라고도 할 수 있다. 하지만 위 대화 속 "됐어", "괜찮아"는 문제가 없어서 괜찮다는 의미인가? 오히려 그 반대다. A는 이 대화에서 분명 B가 화가 나 있다는 사실을 인지했을 것이다. 또 다른 상황을 보자.

A: *"(한숨을 내쉬고, 못마땅한 표정으로) 오래 기다렸어? 차가 막혀서, 미안."*
B: *"(뾰로통한 표정으로 입을 삐죽 내밀며 퉁명스럽게) 됐어. 괜찮아."*

A가 잘못했다고 사과한다. B는 이 사과를 진심으로 받아들였을까? 오히려 더 화가 났을 것이다. 그 이유는 입에서 나온 단어만이 전부가 아니기 때문이다. A의 한숨, 표정, 말투는 복합적으로 '어쩌겠어. 내가 별 수 없이 미안하다고 해야지'라는 마음을 내포하고 있다. 자신이 그런 의도로 이야기한 것이 아닌데 오해받은 경험이 있다면 나의 말과 행동을 다시 생각해보아야 한다. 말은 입에서 나오는 언어적 요소뿐만 아니라 눈빛, 표정, 서 있는 자세, 제스처, 습관 등 비언어적 요소가 결합해 전체적인 의미를 이룬다.

말하기에 활용하는 비언어적 요소

말 = 언어적 요소 + 비언어적 요소

여기서 중요한 것은 바로 비언어적 요소가 언어적 요소보다 훨씬 중요하다는 점이다. 비언어적 요소는 의미 전달에 있어 90% 이상의 높은 비중을 차지한다. 무미건조한 표정과 삐딱하게 선 자세에 다리를 달달 떨면서 입으로는 사랑을 고백한다면 마음이 전달되지 않을 것이다. 그 사랑 고백은 성공할 확률이 매우 낮다. 입으로 하는 이야기와 행동과 태도로 보여주는 말하기의 의미가 일치하지 않기 때문이다. 말과 표정은 하나가 돼야 한다.

면접뿐만 아니라 모든 말하기에서는 비언어적 요소를 어떻게 활용하느냐가 의미 전달의 관건이다. 눈빛, 제스처, 표정, 행동, 서 있는 포즈, 눈썹 모양, 행동 습관 등 모든 요소를 말하기에 적극적으로 활용해야 한다.

'말을 잘한다'의 정의 새롭게 하기

흔히 '말을 잘한다'고 하면, 입에서 나오는 단어를 청산유수처럼 내뱉는 것이라고 생각한다. 그러나 어떤 사람은 많은 말을 하지만 무슨 의미인지 곱씹게 하고, 또 어떤 사람은 굳이 여러 말 대신 씨익 웃는 미소 하나로 많은 것을 이야기한다. 입에서 나오는 말보다 비언어적 요소를 잘 활용해야 하고 싶은 말의 의미를 더 명확하게 전달할 수 있다. 비언어적 요소의 활용이 면접에서도 큰 무기가 될 수 있음을 반드시 기억해두어야 한다.

언어적 요소

- 입에서 나오는 입말
- 글의 형태로 쓸 수 있음
- 가장 직접적인 의미 전달
- 통상적인 '말'의 개념
- 소통의 적은 부분 차지

비언어적 요소

- 눈빛, 제스처, 표정, 행동, 서 있는 포즈, 눈썹 모양 등
- 입말을 제외한 나머지 모든 요소
- 소통의 대부분을 차지

[STEP 1 - 분석]

나는 어떻게 말하고 있을까

🗨 WORST 말만 잘하면 되지
무슨 말을 해야 하는지, 말의 내용이 중요하다고 생각해 표정이나 자세 등은 신경 쓰지 않는다. 미리 외운대로 내가 해야 할말을 하는 것에 중점을 둔다.

👍 BEST 무슨 말을 할지도 중요하지만, 어떻게 말할지도 중요하지
비언어적 요소도 의사소통에 중요한 영향을 미친다는 사실을 이해한다. 어떤 말을 할 것인지와 더불어 표정이나 자세, 제스처를 신경 쓴다.

> **나의 몸짓과 행동이 곧 언어**
> 말을 할 때 내가 눈을 길게 깜빡이는지 또는 너무 자주 깜빡이는지 관찰해본 적이 있는가? 당황하면 나도 모르는 어떤 습관이 불쑥 튀어나오는지 아는 사람은 거의 없다. 사실 몰라도 된다. 살아가는 데 지장이 전혀 없기 때문이다. 하지만 면접에서는 상황이 다르다. 이때는 비언어적 요소가 훨씬 중요하다. 내 자신도 모르게 새어 나온 모든 행동이나 습관이 면접관에게 전달하는 말이라는 걸 깨달아야 한다.

행동은 곧 나의 성격

눈을 길게 깜빡이거나, 말끝을 늘이는 습관이 있다면 내 평소 성격이 느리고 우유부단하다는 '말'을 하고 있는 것이며, 웅크린 자세는 자신이 다소 소극적인 성격이라는 '말'을 하고 있다는 것을 알아야 한다. 또한 반복된 표현이나 추임새를 넣는 습관은 긴장했거나 준비가 부족하다는 것을 의미하는 동시에 내가 아마추어라는 사실을 나타내는 표현이다.

내 모습 객관적으로 바라보기

제대로 알아야 한다. 내가 다른 사람에게 어떻게 말하고 있는지, 면접 준비에서 내 모습을 객관적으로 보는 시간은 반드시 필요하다. 말끔히 차려입은 지원자가 입으로 활발한 성격을 강조하더라도, 눈을 마주치지 않거나 움츠린 어깨와 떨리는 목소리로 말한다면 신뢰감이 떨어진다. 이러한 태도는 활발하지 않은 성격이지만 면접에서 그렇게 보이려고 꾸며내는 사람처럼 느껴진다.

✎ WORKBOOK

일상 속 말하기 습관 점검하기

나의 성격이나 심리 상태를 나타내는 말 습관들, 무의식적으로 표현하는 말과 단어가 무엇인지 생각해보고 긍정적인 언어 습관을 만들어보자.

오늘 하루 가장 많이 한 말 또는 단어

가장 친한 사람에게 자주 하는 말

기분이 좋을 때 자주 하는 말

거절할 때 자주 하는 말

사과할 때 자주 하는 말

감사함을 표현할 때 쓰는 말

습관적으로 가장 많이 쓰는 표현

[STEP 1 - 분석]

 ## 호감형 인재는 '언행일치형'

👎 WORST (불안한 표정) "저는 팀의 활력소가 되겠습니다"

말을 할 때 얼굴을 찡그리고 있으며 어떤 걱정거리나 불만이 있는 듯한 표정이다. 목소리도 조용하게 떨리는 듯한 불안한 느낌을 준다.

👍 BEST (미소 띤 표정) "저는 팀플레이가 중요하다고 생각합니다"

밝은 목소리와 긍정적인 표정으로 말한다. 면접관과 대화할 때 웃으면서 눈을 맞추고 자연스럽게 대화한다.

신뢰를 얻는 방법

한 유형의 면접자가 미소 짓는 표정과 우렁찬 목소리로 자신의 강점에는 '도전 정신'과 '높은 자신감'이 있음을 강조한다면 이 입말은 태도와 미소가 어우러져 더욱 강력한 신호로 다가온다. 하지만 어깨를 움츠린 자세와 경직된 표정으로 이야기한다면 입말과 비언어적 요소가 서로 맞지 않아 신뢰를 얻지 못할 가능성이 높다. 예시는 동일하지만 입말과 비언어적 요소가 어떻게 조화를 이루느냐에 따라 결과는 달라진다. '신뢰'는 면접에서 매우 중요한 요소다. 업무를 처리할 만한 능력이 되는지, 믿을 만한 인재인지 판가름하는 기준이기 때문이다.

말과 행동이 일치해야 한다

면접관의 호감을 얻는 것은 합격의 열쇠다. 면접장에서 긍정적 인상을 남긴 합격자의 공통점을 살펴보면, 누구에게나 호감을 주는 태도를 갖고 있다는 것을 알 수 있다. '호감을 주는 태도'라는 표현이 다소 모호할 수 있지만, 실제로 어렵게 생각할 필요는 없다. 면접에서 호감이란 결국 신뢰를 의미한다. 입으로 하는 말뿐만 아니라 몸짓, 표정 등의 비언어적 요소가 함께 조화를 이루는 것이다. 다시 말해, 말과 행동이 일치하는 언행일치의 원칙을 지키는 것이 호감을 주는 태도다.

소통의 비밀은 비언어적 요소

재미있는 것은 호감형으로 분류되는 인재들이 높은 합격률을 보인다는 사실이다. 어떤 분야의 면접이더라도 합격의 기회를 놓치지 않는다. 만약 내 이야기가 상대방에게 완벽하게 전달되지 않았거나 의도와 달리 오해가 생겼던 경험이 있다면, 그 비밀은 바로 비언어적 행동에 있을 것이다. 면접을 준비하기 전, 자신의 행동 양식을 면밀히 점검하는 것이 필수다.

TIP 면접 유형 알아보기

면접의 유형은
테스트하는 영역에 따라 나뉜다.

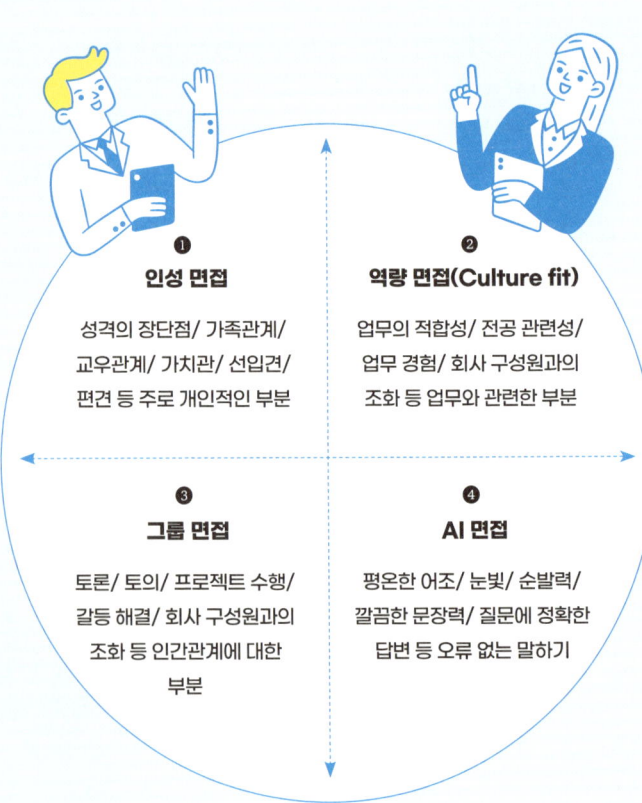

❶ **인성 면접**
성격의 장단점/ 가족관계/ 교우관계/ 가치관/ 선입견/ 편견 등 주로 개인적인 부분

❷ **역량 면접(Culture fit)**
업무의 적합성/ 전공 관련성/ 업무 경험/ 회사 구성원과의 조화 등 업무와 관련한 부분

❸ **그룹 면접**
토론/ 토의/ 프로젝트 수행/ 갈등 해결/ 회사 구성원과의 조화 등 인간관계에 대한 부분

❹ **AI 면접**
평온한 어조/ 눈빛/ 순발력/ 깔끔한 문장력/ 질문에 정확한 답변 등 오류 없는 말하기

❶ 인성 면접

회사 문화와 자기 성찰 능력을 평가하는데 활용되는데, 어떤 가치관을 가지고 일을 수행하고 있는지, 이를 기반으로 어떻게 동료들과 협력했는지를 강조하는 것이 좋다.

❷ 역량 면접(Culture fit)

과거의 경험을 바탕으로 어떻게 문제를 해결했는지를 중점으로 평가할 수 있다. 예를 들어, 프로젝트 관리자로서 어떤 위기 상황을 극복했는지와 그 과정에서 발생한 어려움을 어떻게 극복했는지를 구체적으로 설명하는 것이 효과적이다.

❸ 그룹 면접

팀 협력 능력과 리더십을 시험하기 위해 사용된다. 이런 상황에서는 당신이 어떻게 팀원들과 함께 목표를 달성하고 의견 충돌을 해결했는지를 구체적인 사례를 통해 어필할 수 있어야 한다.

❹ AI 면접

인공지능(AI)이 질문하는 비대면 면접이다. 빅데이터를 기반으로 응시자의 얼굴, 목소리 감정 표정, 안면 색상 등을 분석해 평가한다.

TIP 면접 유형별 전략

면접의 목적은 입사 후 과업을 수행할 때
핵심을 분명하게 분석하고, 다른 사람과 의견을
잘 조율하는지 알아보는데 있다.

PT 면접

① 제한 시간 중 절반은 주제 파악 및 대안 제시와 발표 내용을 작성하는데 배정하고 4분의 1은 PPT 파일을 작성하는데 사용한다. 나머지 시간에는 결론의 허점을 점검하고 비언어적 요소를 고려해 발표를 연습한다.
② 시간이 부족하더라도 주제와 대안은 꼼꼼히 정리한다.
③ PPT는 한 장에 약 3분의 발표 시간을 준다. 10분의 발표 시간이 주어진다면 PPT 3~4장 정도면 충분하다.
④ 스크립트는 구어체로 쓴다. 시간이 없다면 키워드 중심으로 발표하는 것을 머릿속으로 시뮬레이션해보라.
⑤ 정확한 목례와 씩씩한 목소리, 또렷한 발음으로 이름 소개하기, 자연스러운 미소 등 비언어적 요소도 반드시 체크하자.

✔ **Point!**
주어진 문제의 핵심은 무엇인가?

문제에 대한 대안, 결론, 의견을 명확히 제시할 수 있는가?

자신의 PT를 논리적으로 전달할 수 있는가?

AI 면접

① 스터디룸, 카페 등 다른 사람과 함께 사용하는 공간은 피한다. 혼자 큰 목소리로 충분히 말할 수 있는 공간을 확보한다.

② 카메라로 비춘 화면에 침대나 살림살이가 배경으로 보이지 않도록 한다. 흰색 벽보다는 파스텔 톤이나 나무 책장이 있는 배경이 좋다.

③ 답변할 때는 일반 면접과 동일하게 '결론-왜냐하면-그래서'의 3단 구조로 정리해 말한다.

④ 면접관과 아이 콘택트하듯 카메라를 보고 말한다. 사람과 이야기하듯 비언어적 요소도 신경 쓴다.

⑤ 기본 질문 → 인성 질문 → 적성 및 심층 질문 등 프로그램에 따라 단계별로 진행한다는 점을 참고하라.

✓ Point!
답변이 처음부터 끝까지 일관적이고 진실한가?

외부 환경의 영향(카메라 화질, 네트워크 연결 등)을 최소화했는가?

제한된 시간에 주어진 답변을 마쳤는가?

토론 면접

① 주제가 발표되면 동시에 '주제의 핵심-내 주장-근거(키워드 3개)'를 머릿속에 정리한다.

② 경청한다는 뜻의 의미를 담은 어투를 서두에 붙여 말한다.(ex. ○○○님의 의견 잘 들었습니다. 그런데 제 의견은…)

③ 다른 사람의 발언을 끝까지 듣지 않고 내 의견을 말하는 행동은 금물.

④ 상대방의 의견이 타당하다는 생각이 들더라도 내 의견을 번복하면 안 된다.

⑤ 토론 주제에서 벗어난 사례와 의견을 제시하거나, 화를 내는 등 감정적 태도는 감점 요소다.

Point! ✓
토론으로 얻고자 하는 목적이 무엇인지 파악했는가?

내 의견을 다른 사람에게 잘 전달할 수 있는가?

다른 사람의 의견을 잘 받아들일 수 있는가?

준비

나만의
에피소드를 찾아라

STEP 2

일상적인 평범한 경험을
자신만의 이야기로 정리하면
남들과 다른 전략을 세울 수 있다

Situation

예상하지 못한 질문에
당황하고 말았어요

"지름길이 있다면 지름길로 가라."

제가 늘 강조하는 말입니다. 면접에도 분명 지름길이 있습니다. 다만 면접이 낯설고 어려운 여러분은 지름길에 대한 확신보다 다른 사람들이 많이 걷는 큰길을 선택할 확률이 높죠. 결국 다른 경쟁자들과 동일한 방식으로 준비하는 겁니다. 이렇게 하면 과연 나만의 경쟁력이 있을까요?

저도 여러분과 별반 다르지 않았습니다. 오늘의 커리어까지 수많은 면접을 거쳤죠. 꿈이 없던 학생 시절, 졸업을 앞두고 이곳저곳 구직 사이트를 뒤져 면접을 볼 수 있는 곳이라면 모조리 이력서를 넣었어요. 제약 회사, 해외 영업, 기획, 마케팅, 은행 등등 언어학을 전공한 저와 아무 관련이 없는 일들이었죠. 불안했습니다. 그래서 다른 사람들처럼 면접을 준비했어요. 수많은 질문을 모으고, 일일이 답변을 달고, 답변 모음집을 손에 들고 다니며 달달 외웠죠. 이상하게도 열심히 하면 할수록 더 자신이 없어졌어요.

그러다 어느 날, 한 면접장에서 이런 질문을 받았습니다.

"지원자는 인생이 무엇이라고 생각하나요?"

순간 세상이 멈춘 듯했어요. 그런 질문은 제 리스트엔 없었거든요. 그때 알았습니다. 아, 이렇게 수백 개의 예상 질문을 공부하고 준비하는 것이 의미가 없구나. 모든 질문을 예측하는 것은 불가능하구나, 하고 말이죠. 그날의 면접 트라우마는 이후로도 꽤 오랫동안 저를 괴롭혔어요.

지금 여러분 역시 그렇겠죠? 준비한 만큼 답하지 못해 자책도 하고, 미처 예상치 못한 질문을 받고서 당황했던 그 1초가 오래도록 마음을 괴롭히기도 합니다. 이러한 경험은 되도록 하지 않는 게 좋겠죠. 여러분은 제가 보낸 괴롭고 힘든 시간을 맛보지 않길 바라며 면접의 지름길, 바다를 건너는 나만의 방법을 같이 찾아볼까요.

[STEP 2 - 준비]

합격의 지름길은 나만의 길 찾기

👎 WORST 성공 사례를 따라 하면 나도 면접에 합격할 거야

합격생들의 사례를 보며 자신과 비슷한 경험을 자기소개서에 끼워 넣는다. 나만의 강점이나 콘셉트보다는 타인의 방식을 따라 하는 데 초점을 맞춘다.

👍 BEST 나만의 콘셉트로 역량을 어필해야지!

먼저 자신을 객관적으로 분석한다. 언어능력과 표현력을 살펴보며 어떤 부분을 보완할지 파악한다. 나를 돋보이게 하는 요소가 무엇인지 생각하며 자신의 강점을 명확히 정립한다.

> **정보를 많이 알수록 불안해지는 아이러니**
> 전에는 면접을 준비할 때 필요한 정보를 얻는 것이 쉽지 않았다. 하지만 지금은 인터넷과 소셜 미디어 등 풍부한 정보를 손쉽게 얻을 수 있는 시대다. 이러한 정보의 홍수는 어떤 면에서는 긍정적이지만, 동시에 선택의 고충을 안겨주기도 한다. 너무나 많은 정보 사이에서 어떤 정보가 본인에게 필요한지 구분하기란 결코 쉽지 않다. 이로 인해 오히려 부담과 불안감이 더해질 수도 있다.

취업이라는 망망대해를 건너는 방법

면접에 합격한 순간을 파도가 들이치는 바다를 건너 섬에 도착한 상황이라고 가정해 상상해보자. 섬으로 가는 방법은 수영해서 가는 방법부터 파도에 몸을 맡기는 것, 도구를 이용하는 것, 그리고 다른 배에 몸을 싣는 것 등 여러 가지다. 그러나 이 모든 방법을 누구나 능숙하게 할 수 있을까? 수영을 잘하지 못하는 사람도 있을 테고, 타인에게 부탁하는 것이 불편한 사람도 있을 것이다. 게다가 바다를 건너는 것이 처음이라면 어떤 방법을 선택해야 좋을지 망설여진다. 이러한 고민 속에서 면접 당일, 즉 바다를 건너야 하는 순간이 찾아온다. 이때의 불안함은 최고조에 달한다.

나에게 적합한 전략을 찾아라

정보와 방법이 많을수록 올바른 선택을 하거나 어떤 길을 택할지 판단하는 것이 더 어려워진다. 그렇기 때문에 바다를 건널 여러 방법을 마구잡이로 찾기보다 자신에게 가장 적합한 방법이 무엇인지 고민해야 한다. 예를 들어 '수영은 못하지만, 힘이 있으니까 노 젓기로 배를 건너자' 같은 전략을 사용하는 것이다.

> **면접 준비 순서**
> ① **자기 객관화** 나의 장단점을 파악하고 말하기를 객관적으로 분석
> ② **서류 준비** 면접 질문을 고려해 자기소개서 작성
> ③ **실전 연습** 자기소개서를 읽고 궁금한 점을 토대로 면접 질문 예상

[STEP 2 - 준비]

 면접의 예상 질문

👎 WORST 유형별·분야별 예상 질문과 답변 정리하기

어떤 질문이 나올지 모른다는 생각에 유튜브나 블로그를 검색해 예상 질문을 뽑은 뒤 답변을 정리한다.

👍 BEST 어떤 분야를 지원해도 일관된 나의 스토리 강조하기

기업에 대한 정보는 검색하되 나의 강점을 알리는 핵심 질문들은 스스로 생각해본다. 누군가에게 들려주고 싶은 나의 이야기를 한다고 생각한다.

모두 비슷한 질문을 하는 이유

나도 수많은 면접 속에 천국과 지옥을 오가며 조마조마했던 날들을 지나왔다. 대학원 입학시험부터 일반 기업, 글로벌 기업, 재단, 협회, 아나운서 시험, 언론사, 스타트업까지 두서없는 면접 전쟁을 치렀다. 가장 최근엔 겸임 교수 임용까지, 생각해보니 끊임없는 면접의 연속이었다. 무려 150번 가까이 면접을 봤다. 이렇게나 다른 카테고리의 면접들에서 물어보는 질문들은 대부분 비슷했다. 아나운서 시험을 볼 때도, 일반 기업의 시험을 볼 때도, 심지어 교수 임용 시험에서도 나에게 비슷한 질문을 했다.

"언어학, 그것도 불어를 전공하셨네요? 불어 잘하세요?"
"불어 한번 해보세요."
"학점이 좋네요. 학교 다닐 때 학창 시절 어땠어요?"
"아프리카에 봉사 활동 경험, 이게 뭔가요?"
"전공이 우리 회사(지원 분야)와 잘 맞는다고 생각해요?"

내가 살아온 인생이 면접의 범위
신기하지 않은가! 어쩜 이렇게 다른 분야의 면접을 보는데 나에게 궁금한 것이 똑같을 수 있나. 그것도 커리어를 통틀어 오랜 시간 봤던 모든 다양한 면접에서 말이다. 하지만 답은 생각해보면 쉽게 나온다. 면접장은 자신의 인생을 이야기하는 곳인데, 인생은 이미 과거형이다. 짧게는 이십몇 년 길게는 삼십몇 년 살아온 인생이 결국 면접의 범위다.

질문은 몰라도 답변은 안다
면접에서 내가 할 말이 정해져 있다는 것은 결국 질문은 몰라도 답변은 이미 알고 있는 것과 같다. 지금까지 자신의 인생에서 누군가에게 꼭 들려주고 싶은 이야기, 이력서를 쓸 때 면접관이 꼭 물어보길 바라는 내용들을 잘 추려서 나의 답변 리스트를 만드는 것이다.

[STEP 2 – 준비]

자신을 객관적으로 판단하라

👎 WORST 다른 사람의 이야기는 들을 필요 없어

내 자신은 내가 제일 잘 안다고 생각한다. 친구 또는 부모님이 나에 대해 피드백을 주는 것은 진지하게 듣지 않고, 특히 부정적 이야기를 들으면 욱한다.

👍 BEST 나에게 이런 모습이 있구나

나와 관련된 피드백을 받았을 때 부정적으로 생각하기보다 인정하고 받아들인다. 자신에게 다양한 면이 있다는 점을 인정하고 약점은 보완하며 강점이 돋보일 수 있는 방법을 생각한다.

> ### 20초 안에 결정되는 당락
>
> 아나운서 시험의 1차 관문은 카메라 테스트다. 수백 명에서 때로는 1000명이 훌쩍 넘는 지원자를 단 며칠 안에 테스트한다. 4~5명이 한 조가 돼 면접장에 들어서면 순서대로 짧은 뉴스를 읽고 테스트가 끝난다. 지원자마다 20초 정도의 시간이 소요되는데, 이 짧은 순간은 정말 빠르게 지나간다. 이렇게 짧은 시간 동안 당락과 함께 1등부터 꼴등까지의 순위가 결정되는 것이다.

대부분의 평가는 비슷하다

단 1분도 되지 않는 짧은 시간 안에 어떻게 결정을 내리는 것인지 의문이 들 수 있다. 그러나 그 짧은 순간에 면접관들은 지원자를 파악한다. 그들이 지닌 고유한 언어 습관, 표정, 눈빛, 자세 등에서 개인의 성격, 성향, 자신감, 태도를 읽는다. 결과를 열어보면 면접관들이 지원자 각자에게 준 점수가 거의 비슷하다. 예를 들어 내가 A라는 지원자를 보고 목소리가 시원시원하다, 성격이 외향적일 것 같다는 생각을 하면 다른 면접관들도 A를 보고 밝다, 씩씩하다 식으로 비슷한 생각을 한다. 그러다 보니 다수의 면접관이 A에 대해 내리는 평가가 비슷하다.

나를 객관적으로 판단하는 과정이 필요한 이유

여기서 한 가지 생각해볼 점이 있다. 사람들이 보는 눈은 비슷하다는 사실이다. 주변을 둘러보자. 내가 B라는 친구의 성격이 아주 까다롭다고 생각한다면 다른 친구 역시 B에 대해 그 친구는 원칙주의자고 깐깐한 면이 있어 융통성이 필요하다고 생각할 확률이 높다. 그래서 면접을 준비할 때 다른 사람의 시각과 이야기를 참고해 나를 객관적으로 판단하는 과정이 중요하다. 주변 사람들이 내게 한 이야기는 결국 면접관이 나를 볼 때 느끼는 감정과 유사하기 때문이다. 다른 사람이 평소 내게 했던 이야기를 잘 취합하고 정리해서 그 차이를 비교해보자. 그럼 내가 어떤 사람이고, 어떤 말하기를 해왔는지 알 수 있을 것이다.

[STEP 2 - 준비]

13 나는 어떤 사람일까?

🚫 WORST 글쎄, 나는 이런 것 같긴 한데…

나에 대해 깊이 생각해본 적이 없다. 남들이 나를 어떻게 생각하는지는 잘 모르겠지만, 스스로 나를 돌아봤을 때 나는 소극적인 사람이라고 판단한다.

👍 BEST 난 어떤 사람이야? 주변 사람들에게 물어보기

다른 사람들에게 내가 어떤 장점을 갖고 있냐고 물어본다. 내가 생각하는 나와 남들이 생각하는 내가 얼마나 다른지 비교해보고 스스로를 찾아간다.

자기 객관화 과정은 면접 준비 재료

우리는 스스로를 잘 모른다. 남이 보는 내 모습이 훨씬 객관적일 때가 많다. 다른 사람들의 이야기를 흘려듣지 말아야 하는 이유이기도 하다. 자기 객관화를 위해 먼저 떠오르는 생각들을 메모해보자. 내가 생각하는 나와 주변에서 들은 이야기를 모두 적는다. 여기서 핵심은 내 의견보다 다른 사람들의 이야기에 더욱 집중해야 한다는 것이다. 그 이야기들 가운데 진짜 내 모습이 담겨 있다.

자신을 알아가는 방법

① 나와 관련한 이미지 모두 적기

내가 생각하는 나	주변에서 들은 이야기
낯을 가림	잘 웃는 사람
할 말이 있어도 참는 편	타인에게 친절함
목소리가 작음	배려를 잘함
다소 우유부단함	음식 메뉴 결정을 잘 못함

생각이 떠오르는 대로 메모한다. 비슷한 내용이나 패턴을 발견할 수도 있고, 스스로 생각한 것과 완전히 상반된 주장이 나올 수도 있다.

② 주변에서 들은 말과 비교하기

내가 생각하는 나	주변에서 들은 이야기
~~낯을 가림~~	잘 웃는 사람 ○
할 말이 있어도 참는 편	타인에게 친절함 ○
~~목소리가 작음~~	배려를 잘함 ○
다소 우유부단함	음식 메뉴 결정을 잘 못함 ○

내 생각과 주변에서 들은 이야기가 비슷하거나 같다면 동그라미(○) 표시를 하고, 내가 생각하는 내 모습이 주변에서 들은 이야기와 다른 경우에는 취소선을 긋는다.

③ 나는 이런 사람일 확률이 높다

잘 웃고 친절한 사람
배려를 잘하는 사람
말끝을 흐리는 습관이 있는 사람
결정을 주저하는 경향이 있는 사람

동그라미 표시를 한 내용 위주로 정리한다. 주변 사람들에게 평소 내 모습에 대해 물어보는 것도 좋은 아이디어다.

[STEP 2 – 준비]

이상과 현실 간극 줄이기

👎 WORST 당당하고 멋진 사람이 되고 싶어!

야무진 사람 또는 프로페셔널한 분위기를 풍기는 사람이 되고 싶다. 구체적 목표보다 분위기나 느낌만 생각한다.

👍 BEST 이상적 모습을 구체적으로 설정한다

막연히 추상적으로 기대지 않고 내가 닮고 싶은 롤모델을 정한다. 그처럼 되려면 어떤 부분을 노력해야 할지 구체적 목표를 설정하고 현실과 이상의 간극을 좁힌다.

롤모델을 정한 뒤 장점 파악하기

"어떤 사람으로 보이고 싶나요?"라고 물어보면 대부분 추상적인 단어로 대답한다. 야무진 사람, 멋있는 느낌 등. 하지만 모든 목표는 구체적이고 실현 가능해야 한다. 그래야 이룰 수 있다.

내가 평소 존경하는 사람, 닮고 싶은 인물 3명을 떠올려보자. 역사 속 위인도 괜찮고 셀러브리티, 연예인 누구든 좋다. 충분히 고민한 다음 3명의 이름을 적어보자. 그리고 3명 각각의 평판을 나열해 공통점을 찾는다.

닮고 싶은 3명의 평판

마크 저커버그 메타 CEO
새로운 도전을 좋아함
혁신적 사고방식을 행동으로 옮기는 적극성

이순신 조선 시대 장군
주변 사람들을 잘 아우름
한번 마음먹은 일은 해내는 완벽주의자 성향

손흥민 축구 선수
좋아하는 일을 위해 최선을 다하는 열정과 끈기
재능을 인정받은 선수

공통점

마음먹은 바는 반드시 행동으로 옮기는 사람
도전적이고 열정적으로 맡은 일에 최선을 다하는 사람
혼자보다는 여러 사람과 어울려 일하는 것을 좋아하는 사람
보다 넓은 무대에서 재능을 펼치고 싶은 사람

이 공통점이 바로 내가 바라는 사회적 이미지다. 앞서 내가 어떤 사람인지 자기 객관화했다면 이제 나의 객관적 모습과 이상적 모습을 비교해보자.

WORKBOOK

자기 객관화를 통한 나의 모습
잘 웃는 사람
타인에게 친절한 사람
배려를 잘하는 사람
말끝을 흐리는 습관이 있는 사람
우유부단해 결정을 잘 못하는 경향이 있는 사람

내가 원하는 나의 모습
마음먹은 바는 반드시 행동으로 옮기는 사람
도전적이고 열정적으로 맡은 일에 최선을 다하는 사람
혼자보다는 여러 사람과 어울려 일하는 것을 좋아하는 사람
보다 넓은 무대에서 재능을 펼치고 싶은 사람

간극을 줄이기 위한 방법

1. 우유부단한 성격을 고치고 적극적이며 야무진 느낌을 위해
   한 문장을 말할 때 "~니다"까지 정확하게 힘주어 말하기
2. 도전적이고 열정적 모습을 위해
   말할 때 좀 더 명료한 단어를 선택할 것. 결론부터 말하는 연습하기
3. 행동력이 높고 당당한 이미지를 위해
   빠른 판단을 한 뒤 행동으로 옮기는 경험 만들기, 캐주얼한 정장과 구두 등 패션 아이템으로 이미지 개선하기

자기 객관화를 통한 나의 모습

내가 원하는 나의 모습

간극을 줄이기 위한 방법

1.

2.

3.

[STEP 2 - 준비]

거꾸로 준비하는 면접

👎 WORST 질문과 답변 적어놓고 달달 외우기
인터넷에서 면접 예상 질문과 모범 답안을 검색한 뒤 나의 경험을 덧붙여 수정한다. 질문과 답변을 완벽하게 암기한다.

👍 BEST 내가 남들에게 자랑하고 싶은 에피소드 떠올리기
면접관이 필수로 물어보는 질문, 인기 있는 질문 목록을 찾기 전, 나의 인생을 되돌아보고 인상 깊은 일들을 먼저 정리해둔다.

모든 질문에 답변할 수 있는 '만능 답변'
이제까지 면접 예상 질문을 정리하고 답변을 준비했다면, 지금부터는 질문이나 면접 유형과 상관없이 나만의 답변부터 준비하자. 그것도 내가 정말 자랑하고 싶은 나의 장점과 이력, 에피소드 위주로 말이다. 평균 면접 시간이 20분, 7~8개 질문이 주어진다고 했을 때 나의 답변 에피소드가 최소 7개 정도 있으면 어떤 질문이든 방어할 수 있다.

면접의 기본 원칙
면접의 기본 원칙 두 가지는 ① 주어진 시간 안에 ② 나의 장점을 어필하는 것이다. 제한된 시간 안에 나의 장점을 버무린 답변을 한다면 면접을 잘 마무리할 수 있을 것이다. 예상 질문 없이 답변부터 준비하는 연습을 하는 것. 이것이 어떤 방법보다 효과적이고 현명한 지름길이다. 면접관이 어떤 대화로 질문할지 알 수는 없지만, 내가 할 이야기는 분명히 정해져 있다. 내가 살아온 인생에서 추출한, 가장 빛나는 답변 리스트를 이미 준비한 상태이기 때문이다.

'거꾸로 면접 준비' 방식의 두 가지 장점

첫째, 짧은 시간 안에 나의 장점을 남김없이 어필할 수 있다. 답변 내용을 미리 완벽하게 정리해두기 때문이다. 둘째, 면접의 두려움과 불안함에서 벗어날 수 있다. 모르면 어렵고, 어려우면 불안하다. 그러나 답변을 이미 알고 있다면 전혀 두렵지 않다. 어떤 질문이든 방어할 수 있으니까.

나만의 에피소드 추출하기

나만의 에피소드는 어떤 내용으로 정리해야 할까? 구직자가 면접 준비 과정에서 가장 어려워하는 부분이기도 하다. 고민에 고민을 거듭하다 결국 검색창을 열게 되는 이유도 여기에 있다. 그러나 '나만의 만능 답변이 되는 에피소드'는 나만 알고 있다. 여러분이 살아온 인생 이야기다. 신중하게 여러 번 고민해 최고의 답변이 될 에피소드를 추출해내야 한다. 막상 해보면 어렵지 않다. 그럼 이제 여러분의 답변 에피소드를 찾아보자.

에피소드 주제 예시

유아기
1. 처음 행복했던 기억
2. 부모님이 들려준 나에 대한 이야기
3. 현재 성격을 유추할 수 있는 어렸을 적 행동

초등학생·중학생
1. 단짝 친구와 친해진 에피소드
2. 난처한 상황에 처한 누군가를 도와준 일
3. 우연히 들은 감명 깊었던 말

고등학생
1. 학업과 진로에 대한 진솔한 고민
2. 특정 인물과의 갈등 및 해결 과정
3. 긍정적 영향을 미친 주변인

대학생
1. 새로운 관계에서 오는 부담감
2. 첫 아르바이트를 한 경험
3. 새로운 취미나 기술을 배운 순간

에피소드 적어보기

유아기	
초등학생·중학생	
고등학생	
대학생	

[STEP 2 - 준비]

구체적인 에피소드 추출하기

🚫 WORST 뻔한 에피소드와 감상평
과거의 에피소드를 떠올릴 때, 조별 과제를 하며 협업의 중요성을 깨달았다는 단순하고 두루뭉술한 교훈을 적는다.

👍 BEST 읽기만 해도 내가 어떤 사람인지 그려지는 에피소드
지식이나 노하우를 체득했다는 내용보다는 세부적인 에피소드를 소재로 한다. 문제가 있었다면 그 일을 어떤 노력으로 극복했는지, 작은 성과라도 스스로 결과를 만들어낸 내용에 집중한다.

> **'마법의 소스'만 있다면 이길 수 있다**
> 여러분이 요리 대회에 참가했다고 가정하고 상상해 보자. 한식, 중식, 일식 등 무슨 음식을 해야 할지 모른다. 그곳에서 제시하는 주제가 어떤 것이든 상관없이 요리로 실력을 뽐내야 한다. 음식을 최대한 맛있게 만드는 것이 목표다. 여러분은 요리 대회에서 이길 자신이 있다. 몇 가지 마법의 소스를 준비해두었기 때문이다. 내가 보여주고 싶은 맛과 실력은 이미 정해져 있다. 어떤 주제가 나오더라도 마법의 소스를 활용하면 원하는 요리를 완성할 수 있다. 내 실력을 확

실히 보여줄 수 있다는 자신감이 차오른다.

어떤 질문에도 대답할 수 있는 만능 답변 만들기

요리 대회가 바로 면접이다. 여러분의 마법 소스는 나만의 면접 답변이 될 것이다. 이제 면접관이 어떤 질문을 하는지는 중요하지 않다. 중요한 것은 내가 무엇을 말하는가다. 어떤 주제가 나와도 답변할 수 있는, 마치 마법의 소스처럼 작용하는 콘텐츠를 만드는 것이다.

거꾸로 면접 과정

① 인생에서 기억에 남는 에피소드를 적는다

시기에 따라 나눠 생각하면 더 수월할 것이다. 아이디어는 무엇이든 상관없다. 인생에서 특별한 순간, 가치관에 영향을 미친 경험, 소중한 사람들과의 시간 등 다양한 아이디어를 나열해보자.

② 면접에서 활용할 에피소드를 선별한다

여러분의 성격과 가치관을 잘 보여주며, 무엇보다 면접에서 꼭 얘기하고 싶은 소재들을 선택했는가? 이 중에서 여러분을 가장 잘 나타내고, 반드시 언급하고 싶은 에피소드를 골라본다. 일곱 가지 정도가 적당하다.

나만의 일곱 가지 에피소드 예시

에피소드 1 냉장고
어릴 적 냉장고 문을 열 때마다 어머니께 "먹으면 안 되나요?"라고 물었다. 당시 어머니께서 "'안 되나요'가 아닌 '되나요'"라고 긍정적으로 물어보라는 조언을 해줬다. 이후 긍정적으로 말하는 습관이 생겼다.

에피소드 2 수학여행
여행지를 학생들이 직접 결정해야 했는데 의견이 쉽게 통일되지 않았다. 수학여행의 목적을 무엇으로 할 것인지 정하자고 의견을 냈다. 서로 친해지자는 목표를 정하니 자연스럽게 게임을 편하게 할 수 있는 곳으로 선택하게 됐다.

에피소드 3 요리
어느 날 먹었던 파스타에 꽂혔다. 새로운 재료와 소스를 시도하며 나만의 파스타 스타일을 개발했고, 내가 하나에 꽂히면 그것을 토대로 다양하게 시도해보는 사람이라는 것을 알게 됐다.

에피소드 4 동아리
동아리를 활성화하기 위해 고민했다. 먼저 널리 알리는 것이 중요하다고 생각해 학생들이 가장 많이 이용하는 경로를 파악한 뒤 홍보 포스터를 붙였다. 교내에서 회원 수가 가장 많은 동아리로 만들었다.

에피소드 5 청강
'프랑스 문학의 이해'라는 수업을 듣고 싶었다. 전공자가 아닌 나는 교수님께 직접 문자를 보내 문의했다. 교수님께서는 내가 수강할 수 있는 방법을 조언해주셨다. 그 결과 나는 그 수업을 들었고 성적은 A+를 받았다.

에피소드 6 통학 버스
버스를 타면 커튼을 쳐야 했다. 해의 방향과 이동하는 시간을 계산해 직사광선이 내리쬐지 않는 방향으로 버스를 탔다. 창밖도 보고 해도 피할 수 있었다.

에피소드 7 아르바이트
음식을 보낼 때 손 글씨로 작성한 메모를 동봉했다. 한 고객이 리뷰에 손 글씨로 작성한 메시지가 인상 깊었다는 말을 썼고, 그 경험은 내게 동기부여가 됐다.

나만의 일곱 가지 에피소드 적어보기

1.

2.

3.

4.

5.

6.

7.

TIP 나만의 일곱 가지 에피소드 고르는 기준

인성

**지금의 내 성격에
영향을 미친 것이 있나요?**

어린 시절 엄마가 하셨던 이야기,
크게 실패한 일,
작지만 목표를 이룬 경험 등

인성

**학창 시절 기억에 남은
에피소드가 있나요?**

친구들과의 갈등을 이겨낸 경험,
자전거 등 취미 활동, 전공 관련
봉사 활동 경험 등

인성 **직무**

**지금까지 살면서 가장 힘들었던
순간은 언제였나요?**

시험에 떨어졌을 때,
첫사랑과 이별했을 때,
오해를 받았을 때,
억울했던 경험 등

인성 **직무**

**지금까지 살면서 가장 행복하고
기뻤던 순간은 언제였나요?**

친구가 사과를 받아줬을 때,
능력을 인정받았을 때, 봉사 활동을
하며 행복했던 경험 등

인성 **직무**

**지금까지의 내 인생을
영화라고 본다면 명장면으로
꼽을 만한 순간은 언제였나요?**

가장 열심히 살았던 순간,
기억에 깊이 각인되어 있는 장면,
나의 한계에 부딪혔던 경험 등

직무

**인생에서 가장 자랑하고 싶은
순간은 언제인가요?**

누군가를 도와준 일,
스스로 뿌듯했던 경험,
오랜 시간 꾸준히 노력한
경험 등

직무

**어떤 일에 열심히
도전해본 기억이 있나요?
실패했더라도 괜찮아요.**

자격증 시험 및 전공 관련 도전
에피소드, 취미 활동 및 운동 관련
에피소드 등

직무

**전공 및 관련 경험과 경력 가운데
면접관에게 꼭 어필하고 싶은
것은 무엇인가요?**

교환 학생 시절 겪은 에피소드,
인턴을 하며 경험한 어려움, 학점이나
자격증 관련 에피소드, 아르바이트
경험 관련 에피소드 등

[STEP 2 – 준비]

자기소개서와 이력서에 에피소드 심기

🚫 WORST 이력서 따로 자기소개서 따로 면접 따로 준비하기
기업에 지원할 때마다 자기소개서를 계속 다르게 쓰느라 오랜 시간을 투자하다 결국 인터넷에서 모범 답안을 찾는다.

👍 BEST 나의 장점을 파악한 뒤 이를 토대로 자기소개서와 이력서 작성하기
내 장단점을 파악한 뒤 에피소드 일곱 가지를 추출한다. 이것을 정리한 뒤 이력서와 자기소개서에 에피소드 중심의 스토리가 보이게 뼈대를 잡는다.

면접 준비는 서류 작성부터 시작한다

내일 당장 면접이 있는데 이럴 땐 어떻게 준비해야 할지 막막한 경우가 있다. 가장 안타까운 상황이다. 부족한 준비 때문에 불안하더라도 이럴 땐 컨디션 관리만이 답이다. 시작부터 체계적으로 준비하지 않았다면 어쩔 수 없는 일이다. 면접 준비에는 정해진 순서가 있다. 먼저 나를 객관적으로 분석하고 내 장단점을 확실하게 파악한 뒤, 나만의 에피소드 일곱 가지를 서류에 자세히 기재해두어야 한다. 면접의 기반은 바로 서류 준비에 달려 있기 때문이다. 이렇게 하면 면접관이 서류를 빠르게 훑었을 때에도 내가 언급한 에피소드에 대한 질문을 할 가능성이 높다. 그렇기 때문에 면접 준비는 서류부터 시작한다는 사실을 명심해야 한다.

자기소개서와 이력서
일반적으로 구직자 대부분은 구인 공고가 나오면 그때부터 자기소개서와 이력서를 작성하기 시작한다. 면접 질문을 수집하고 답변을 준비하게 되는데, 이처럼 유사한 경로로 면접을 준비하기 때문에 경쟁력을 갖기가 어려워진다. 그래서 자기소개서와 이력서부터 면접까지 하나의 흐름으로 준비하는 것이 중요하다. 나만의 에피소드를 자기소개서 내용에 맞게 자연스럽게 첨부하는 것이다.

에피소드는 낚시의 미끼
에피소드는 자기소개서에 글로 풀어낸다. 자세하게 쓸 필요는 없다. 낚시의 미끼처럼 에피소드 일부를 넣어두어라. 면접관이 물어보면 그때 진짜 답변을 할 시간이다.

[STEP 2 - 준비]

기본 질문에 에피소드로 답변하기

🚫 WORST 문장을 통째로 외운 뒤 앵무새처럼 말하기

외운 대로 말하므로 대화가 기계적으로 느껴진다. 면접 중 예상하지 못한 질문이 나오면 미처 준비를 못 해 당황한다.

👍 BEST 자신의 경험담을 들려주듯 자연스럽게 말하기

면접관의 말에 집중해 귀 기울이고 대화의 흐름을 따르기 위해 노력한다. 자신의 강점을 어필하면서도 최대한 솔직하게 표현하려고 노력한다.

> **자기소개서와 이력서 미리 작성해두기**
>
> 추천하는 방법은 면접 시즌이 오기 전에 자기소개서·이력서를 미리 작성하는 것이다. 물론 각 회사마다 구체적 질문이 다르고 양식도 다르지만, 공고가 뜨고 나서 쓰기 시작하면 너무 늦고 마음도 조급하다. 미리 작성해놓고 나만의 에피소드도 미리 준비해두면 어떤 질문이 나오든 조금만 변형해서 작성하면 된다. 준비가 되어 있으니 서류를 작성하기도 수월하며, 다른 사람들보다 상대적으로 여유로운 마음으로 준비할 수도 있다.

에피소드 배분해서 넣기

보통 자기소개서·이력서 양식에는 성장 과정, 성격의 장단점, 전공 및 경력 사항, 지원 동기 및 포부가 반드시 포함되어 있다. 질문이 조금 복잡하거나 변형되어 있을지라도 이 네 가지 기본 골조는 동일하다. 따라서 각각 나의 에피소드를 배분해서 미리 200자 정도로 작성해두는 것이 좋다.

면접은 자신감 싸움

면접은 자신감, 기세다. 자신감은 잘 준비된 마음가짐에서 나온다. 어느 정도 준비된 상태로 시험을 맞이하는 사람과 아무것도 준비되지 않은 상태에서 시험을 맞이하는 사람의 마음가짐은 완전히 다르다. 결국 이것이 남들과 다른 나의 경쟁력이 되는 것이다.

[STEP 2 - 준비]

 어떤 질문이 나와도 문제없이 답변한다

🚫 WORST 뻔하고 식상한 내 이야기
자격증을 단순히 나열하듯 옮겨 적거나 경험에 대한 세부적 내용 없이 추상적인 감정을 늘어놓는다.

👍 BEST 나만의 에피소드를 자유자재로 활용한다
면접 소스 일곱 가지를 준비해 어떤 질문이 나와도 답변할 수 있다. 무슨 질문이든 내가 준비한 에피소드를 중심으로 풀어나간다.

> **'만능 소스'로 답변하기**
>
> 여러분의 에피소드 일곱 가지가 준비되었다. 이는 어떤 요리에도 쓸 수 있는 '만능 소스'다. 이제 어떤 질문이 나와도 답변할 수 있어야 한다. 일곱 가지 에피소드 중 한 가지만 가지고도 답변할 수 있다. 어떤 질문이든 더 이상 걱정하지 말자. 이미 준비한 답변으로 자신 있게 대응할 수 있을 것이다.
>
> *Q. 자기소개를 해보세요.*
> *A. 네, 저는 무엇보다 건강한 삶을 추구하는 사람입니다. 주말마다 자전거 동호회에 참여해 스트레스를 해소하고, 사람*

들과 함께 운동하며 목적지까지 도달하는 경험은…

Q. 본인의 장점은 무엇인가요?
A. 제 장점은 리더십입니다. 주말마다 자전거 동호회에 참여하는데, 다 함께 목적지에 도달해야 하기에 팀원들이 뒤처지지 않도록 신경 쓰며 지원합니다. 그 결과, 리더로서의 역할을 통해 팀원들을 이끄는 능력을 길러왔습니다.

Q. 회사에서 어떤 역할을 하고 싶나요?
A. 저는 '페이스 메이커' 역할을 수행하고 싶습니다. 주말마다 자전거 동호회에 참여하면서 느낀 바로는, 선두의 리더십뿐만 아니라 모든 팀원과의 호흡과 페이스 조절이 중요하다는 것입니다. 코스를 완주하려면 팀원 모두가 함께 협력하고 조화롭게 진행해야 합니다. 이러한 페이스 메이커 역할을 회사에서도 수행하고 싶습니다. 회사 내에서 구성원들과 효율적인 협업을 이끌어내는 임무가 바로 페이스 메이커 역할이라고 생각합니다.

꼬리 질문도 두렵지 않다

첫 번째 답변을 확실하게 해내면 이어지는 꼬리 질문도 문제없을 것이다. 이미 첫 답변을 통해 면접 분위기를 내 편으로 끌어냈기 때문이다. 또한 여러분이 자신 있게 준비한 소스들이 있으니 충분히 자신감 있게 대응할 수 있을 것이다. 이렇게 연습해보자.

TIP 자기소개서·이력서의 디테일

이력 사항은 정확하게

가끔 학점, 날짜 등 정보를 정확히 기재하지 않는 경우가 있다. 예를 들어 학점이 3.76이면 반올림해서 3.8이라고 적는다든지, 증명서 및 졸업 예정 날짜를 대강 적는 경우도 있다. 면접을 아무리 잘 봐서 통과하더라도 마지막 서류 검증 단계에서 문제가 될 수 있다. 신뢰의 문제이기 때문이다. 모든 정보는 정확하게 기재해야 한다.

증명사진은 심플하게

최근 사진을 보지 않는 곳도 늘고 있지만, 아직 사진은 너무나 중요하다. 사진은 보정을 많이 하지 말고, 살짝 미소 띤 얼굴이 좋다. 그리고 사진 뒷배경 색상을 조정해 보자. 예를 들어, 나에게 신뢰감이  좀 더 필요하다면 진한 갈색 혹은 차분한 색상으로 뒷배경을 바꾸고, 좀 더 산뜻하고 씩씩한 신입 사원이고 싶다면 선명한 파란색이나 채도가 높은 색상을 고르면 훨씬 다른 느낌을 연출할 수 있다. 그리고 보정은 되도록 피부 톤 정도만 시도하는 것이 좋다. 사진과 본래 모습의 괴리감이 크면 면접장에서 신뢰감이 무너지는 경우도 왕왕 있기 때문이다.

자기소개서는 읽기 좋게

서류는 줄 바꿈과 마침표를 적절히 활용하며, 무엇보다 문장을 짧고 단문으로 작성하면 좋다. 또한 200자 정도의 짧은 분량인 경우, 반드시 첫 문장을 결론으로 시작하는 것이 효과적이다. 읽기가 편하면 내가 숨겨둔 에피소드도 잘 드러난다.

면접용 이메일 주소는 필수

면접관은 이메일 주소 같은 작은 정보로도 여러분을 파악할 수 있다. 예를 들어 비속어를 쓴 이메일 주소를 보면 반듯하게 면접장에 앉아 있는 모습이 과연 진짜일까 궁금해진다. 이메일 주소는 꼭 면접용으로 따로 하나 만들어두길 권한다.

> 이런 일도 있었어요

제 이메일 주소는 tobeana@○○○○.○○○입니다.
To Be Announcer죠. 실제로 한 인사 담당자가 면접을 기다리는 제게 "아나운서가 엄청 되고 싶은가 봐요"라고 말을 걸기도 했습니다. 아마 인상적이었다는 뜻이겠죠? 여러분도 활용해보시길 바랍니다.

실전

면접에서
보여주는 태도

STEP 3

사람을 얻고
기회를 잡으려면
표정과 태도부터 점검하자

우리는 우리 자신을
잘 모른다

한 강의에서 어떤 학생을 만났어요. 앞으로 나와서 자기소개를 해 보라고 했더니, 아주 씩씩한 걸음으로 양팔을 휘두르며 저벅저벅 걸어 나왔어요. 그러고는 굉장히 시원한 발성으로

"안녕하십니깍!!! 제가 성격이 상-당히 소극적이어서 여러분과 인사도 못 나눴습다!!! 남은 시간 동안 잘 지내도록 노력해 보겠습다. 감사합닥!!!" 하고 다시 저벅저벅 들어갔어요.

궁금하더라고요. 그 학생의 비언어적 요소들은 모두 '씩씩함, 당참, 시원함, 활발함'을 가리키고 있는데, 왜 본인은 자신을 '소극적'이라고 표현했는지요. 그래서 물어봤습니다. 그랬더니 오랜 고민 끝에 이렇게 이야기하더군요.

"제가 사실 집에서 둘째예요. 멋진 언니와 귀여운 남동생 사이에서 제 존재감을 잃었던 것 같아요. 그래서 저도 모르게 사람들 눈치도 많이 보고 위축되어 있다고 생각해요. 저는 제가 무채색이라고 생각해요."

이 얘길 듣고 현장의 많은 친구가 소리를 질렀습니다.

> *"야, 무슨 소리야! 네가 여기서 제일 알록달록이야! 뭘 저렇게 몰라."*

네, 우리는 스스로를 잘 모릅니다. 알기 어렵죠. 그래서 남이 보는 내 모습이 훨씬 객관적일 때가 많습니다. 다른 사람들의 이야기를 흘려들으면 안 되는 이유이기도 해요. 자기 객관화 과정은 면접 준비의 기본이 되는 재료입니다.

[STEP 3 - 실전]

 신뢰할 만한 생각의 틀 만들기

🚩 WORST 깊이 생각하는 건 귀찮아!

나에 대해 깊이 고민하지 않고 예상 질문 위주로만 답변을 준비한다. 스스로 중요하게 생각하는 가치가 무엇인지 모른다.

👍 BEST 중립적인 시각으로 나의 생각을 정리하는 습관을 기른다

내가 좋아하는 것, 싫어하는 것은 무엇인지 나와 세상 돌아가는 일에 대해 한 번쯤 깊이 생각하는 시간을 보낸다.

사람은 생각하는 대로 말한다

사람은 자신의 생각을 말로 표현하고, 말한 내용대로 행동한다. 따라서 자신의 생각을 먼저 체계적으로 정리하는 능력을 키워야 한다. 면접처럼 긴장감이 높은 상태에서는 특히 그렇다. 제대로 생각하지 않고 예상되는 질문들 위주로 준비한 뒤 면접에 임하면 자신도 모르게 평소 언어 습관, 부정적 시각 등이 그대로 드러난다. 명확하고 효과적인 의사소통을 위해서는 말하기 전에 생각을 정리하고, 언어를 통해 명확하게 전달하는 연습이 필요하다. 이러한 능력은 직무 업무나 대인 관계에서도 매우 중요하다.

부정적 생각 버리기

면접에서는 호불호가 크게 갈리지 않는 사람을 찾는다. 특별한 능력이나 역량보다 중요한 것은 신뢰할 수 있는 사람이다. 중립적인 시각과 표현, 어휘 사용은 신뢰를 쌓을 수 있는 방법 중 하나다. 부정적인 어휘나 선입견이 드러나면 그 인상만 강하게 남기 때문에 이를 피하고 중립적인 태도로 대화해야 좋은 인상을 남길 수 있다.

나도 모르게 심어진 편견들 다시 보기

선입견과 편견, 그리고 부정적인 말과 생각은 개인적 경험에서 비롯된다. 어린 시절에 어려움을 겪었던 경험, 차별을 받았던 일, 억울함을 느꼈던 순간 등 나의 내면 깊은 곳에 자리한 상처들이 이를 형성한다. 그래서 면접을 준비하는 과정은 마치 내 인생을 정화하고 깨끗한 상태로 만들어가는 과정과 비슷하다. 사회에 나아가기 전, 내가 가진 부정적인 생각과 마음을 정리하는 단계라고 할 수 있다.

WORKBOOK

일상에서 보이는 선입견과 편견

여성과 남성에 대한 생각	여성은 약하고 남성은 강하다 집안의 가장은 아버지 '여성스럽다', '남성스럽다'는 표현
학업과 관련한 생각	좋은 학교를 나와야 취직이 잘된다 지방에 있는 대학교는 무시한다 학벌은 넘을 수 없는 신분
돈과 관련한 생각	인생에서 돈이 가장 중요하다 부자들은 인색하다 돈에 대한 나의 트라우마와 관련한 생각
부정적 말과 생각	저는 ~를 싫어합니다 원래 공부를 잘하지 못합니다 친구가 별로 없습니다 거짓말, 비참, 불행, 좌절, 불운 등 부정적 어휘

자신의 선입견과 편견 자가 체크

여성과 남성에 대한 생각	
학업과 관련한 생각	
돈과 관련한 생각	
부정적 말과 생각	

[STEP 3 - 실전]

 같은 말도 센스 있게 하는 방법

👎 WORST 중언부언한다
자신이 무슨 말을 하고 싶은지 정리하지 못한다. 또는 머릿속으로는 정리가 됐지만 어떻게 표현해야 할지 모른다.

👍 BEST 의사 표현을 간결하고 정확하게 한다
명확한 결론을 먼저 제시하고 단문으로, 구체적 예시를 들어 말한다. 나의 의견을 잘 표현할 수 있는 표현법을 익힌다.

표현도 기술이다
머릿속 생각을 잘 정리했다면, 이제 그 생각을 밖으로 표현하는 법을 배워야 한다. 시중에 나와 있는 여러 교재가 제시하는 말하기 방법은 정말 다양하기에 실제 말하기 상황에서 적용하기가 어려울 수 있다. 더 간단하면서 적용하기 쉬운 방법을 찾아보는 것이 중요하다. 의사소통 구조를 건물에 비유해보자. 건물을 완성하는 것은 개인의 노력이지만, 뼈대를 견고하게 세운다면 건물을 짓는 것도 훨씬 수월해진다. 즉 자신의 의견이나 생각을 효과적으로 전달하기 위해서는 구조나 뼈대를 견고히 해야 한다는 의미다.

❶ 무조건 결론부터 말하라

결론 ----- **왜냐하면** ----- **그래서**

사람의 인내심은 제한되어 있다. 특히 한국 사회에서는 겸손의 문화로 인해 본론이 뒤에 있는 경우가 많다. 하지만 같은 내용이라도 더 간결하게 메시지를 전달할 수 있다. 특히 면접처럼 제한된 시간 안에 나의 메시지를 분명하게 전달하려면, 명확한 결론을 먼저 제시한 후에 그 이유와 부연 설명을 순서대로 말하는 것이 좋다.

말의 목적을 앞에 두기

> 아니, 요새 왜 이렇게 비가 많이 오는 거야?
> 날씨가 진짜 습해. 여름휴가 때도 비 오는 건 아니겠지?
> 하여간 이런 날엔 매콤하고 뜨끈한 거 먹어줘야 하는데.
> 아, 맞다! 요 앞에 새로 생긴 부대찌개집 가봤어?
> 거기 맛있다고 하던데… 혹시 이따 **부대찌개 먹으러 갈래?**
>
>
>
> 우리 이따 요 앞에 새로 생긴 가게에 **부대찌개 먹으러 갈래?**
> 계속 비가 오잖아.
> 이런 날엔 매콤하고 뜨끈한 부대찌개가 딱이지!

❷ 짧고 쉽게 말하라

모든 의사소통은 무엇보다 간결하고 명확해야 한다. 특히 면접에서는 매우 중요한 요소다. 간결한 메시지는 의미를 분명하게 전달하는 데 도움이 된다. 그러나 간결하게 말하는 것은 어려운 일일 수 있다. 때로는 다음에 말할 내용을 머릿속으로 생각하며 심리적 압박을 느낄 수 있다. 하지만 글쓰기를 하듯 말하는 연습을 하면 자연스럽게 결론부터 시작하고, 짧고 간결하게 전달할 수 있다.

단문으로 말하기 연습

> 저는 작은 실수를 줄이기 위해 다이어리를 활용하는데, 그날의 계획을 적고 체크했더니 실수가 많이 줄었지만 가끔 같은 실수를 할 때도 있는데, 그럴 때는 하루 중 가장 오래 있는 장소에 메모를 붙이고 실수를 줄여가고 있습니다.

> 저는 작은 실수를 줄이기 위해 다이어리를 활용합니다.
> 이 다이어리에는 그날의 계획을 적고, 체크합니다.
> 덕분에 실수를 많이 줄일 수 있었습니다.
> 그러나 가끔 같은 실수를 또 할 때도 있는데요,
> 그럴 때는 하루 중 가장 오래 있는 장소에 메모를 붙입니다.
> 그렇게 실수를 줄여가고 있습니다.

❸ 접속사를 써라

그리고, 그래서, 때문에, 따라서, 결국, 하지만 등

단문으로 말하다 보면 뒤에 내용을 이어갈 방법을 찾는 게 조금 불안할 수 있다. 이럴 때는 접속사를 적극적으로 활용하면 좋다. 접속사를 활용하면 말하기의 템포를 조절하면서 내용을 이어나갈 수 있으며, 뒷말을 잘 연결하는 데 도움이 된다. 이를 통해 깔끔하고 세련된 말하기를 할 수 있다.

❹ 상황 설명을 구체적으로 하라

부지런하다, 행복하다, 열정적이다, 친절하다, 감수성이 풍부하다 등은 면접에서 자주 사용하는 표현이다. 하지만 이러한 단어를 단순히 말로만 하는 것보다는 그 능력을 구체적으로 증명할 수 있는 이야기가 더 효과적이다. 자신이 부지런하다는 것을 면접에서 어떻게 증명할 수 있을까? 이때는 구체적 예를 들어 설명하는 것이 좋은데, 구체적이고 증명이 가능한 내용이어야 한다.

공감을 부르는 에피소드

저는 부지런한 사람입니다	저는 식물을 기르는 취미가 있습니다. 매일 잎을 닦고, 물을 주면서 꾸준히 가꾼 결과, 저희 집 베란다에는 작은 식물원이 생겼습니다. 저를 부지런하게 만들어준 취미입니다.
저는 행복한 사람입니다	저는 웃는 얼굴이 참 좋다라는 말을 많이 듣습니다. 인사할 때 환하게 웃으면 따라 웃는 분들이 계셔서 그때마다 저 역시 행복해집니다.

[STEP 3 – 실전]

 # 발성과 발음, 목소리 다듬기

👎 **WORST** 기어들어가는 작은 목소리 vs 기차 화통을 삶아 먹은 듯 억센 목소리

하고 싶은 말은 머릿속에 잘 정리돼 있지만, 긴장한 나머지 말을 제대로 하지 못하고 웅얼거린다. 반대로 긴장을 풀기 위해 목청을 높여 소리치며 답변한다.

👍 **BEST** 발음이 새거나 뭉개지지 않도록 적당한 호흡으로 천천히, 진중하게 말한다

긴장을 하더라도 심호흡을 하며 마인드컨트롤한다. 나의 답변이 잘 전달되도록 또박또박 발음하는 습관을 들인다.

면접에서 발성, 발음, 목소리가 중요한 이유
발음, 발성, 그리고 목소리는 내가 원하는 나의 이상적인 이미지를 형성하는 데 큰 역할을 한다. 자신의 이미지를 어떻게 만들고 강화할지 생각해보자. 예를 들어, 소심하고 소극적이라는 인상을 받았지만, 실제로는 프로페셔널하고 당당한 이미지를 갖고 싶다면 어떨까? 이런 경우 조금 더 발음을 또박또박 힘주어 읽는 발성, 시원하면서 편안한 목소리

를 연습하면 어떨까? 이미지 업그레이드를 위한 강력한 도구로 활용할 수 있을 것이다.

'크게 말하라'는 말의 의미

크게 말하라고 하면 남성은 점점 동굴로, 여성은 점점 하이톤으로 움직인다. 톤은 고정해야 하고, 발성은 시원하게 옆으로 퍼져야 한다. 즉, 울림 있게 말하면 된다. 포물선을 그리듯 둥근 억양으로 말해보자. 첫 글자와 두 번째 글자에 힘을 주면서 말하면 자연스럽게 목소리에 힘이 들어간다. 그리고 목소리 힘이 처음에만 들어가는 것이 아니라 말을 마칠 때까지 유지하는 것이 중요하다.

4P 활용하기

스피치에서 사용하는 강조법인 4P(power, pitch, pace, pause)를 활용해 전달력 있게 말하는 방법을 연습해보자. 페이스(pace)는 말의 속도를 조절하는 것이다. 중요한 부분은 조금 천천히, 나머지는 보통의 빠르기를 유지한다. 피치(pitch)는 음의 높낮이를 의미한다. 파워(power)는 주목을 끌기 위해 목소리에 힘을 주는 것, 포즈(pause)는 멈춤으로 집중도를 높이기 위해 키워드 앞에 1초 정도 쉬는 기술이다.

이미지별 발성 연습법

소심한 이미지

목소리가 크지 않아요.
크게 말하려고 하면 목이 아파요.
목소리가 답답하다는 말을 많이 들어요.
목이 빨리 쉬고, 후두염을 자주 앓아요.
긴장해서 말하다 보면 숨이 차고
목소리 톤이 높아져요.
자신감 있고 당찬 이미지,
시원시원한 성격으로
보이고 싶어요.

연습 방법

▶ 벽을 정면으로 보고 세 걸음 정도 물러나 선다. 그리고 아무 텍스트나 읽어보는 연습을 한다. 이때 내 목소리가 마치 레이저처럼 뚜렷하게 나온다고 생각하며, 노래를 부를 때처럼 목소리를 한곳에 모으려 노력한다. 연습 시간은 3분 정도가 적당하며, 하루에 1~2회 정도 연습하는 것이 좋다.

▶ 할 수 있는 한 입을 크게 벌려 말한다.

▶ 말할 때는 한 음 한 음 정확하게 끝까지 말하도록 노력한다.

불안한 이미지

저는 긴장하면 목소리가 떨려요.
긴장할 때 목소리 톤이
높아지거나 낮아져요.
말하다 보면 목소리 끝이
갈라져요.
제 목소리가 마음에 들지 않아요.
편안하면서도 안정감 있고,
신뢰를 주는 목소리를 내고
싶어요.

연습 방법

▶ 평소 가장 편한 사람과 대화하거나 전화하는 목소리를 녹음한다.

▶ 그 목소리 톤을 자주 들으며 기억한다.

▶ 그 톤을 고정한 상태에서 발성 연습을 해 옆으로 볼륨을 키우면 된다. 즉 소리에 울림이 있게 말하면 된다.

어린아이 같은 이미지

제 이름을 말하면 사람들이
잘 알아듣지 못해요.
말을 흘려서 하는 경향이 있어요.
제가 말하면 너무 학생 같다는
이야기를 많이 들어요.
프로페셔널하면서도
야무진 이미지를 갖고 싶어요.
사투리가 있어서 고치고 싶어요.
반대로 말을 너무 또박또박해서
끊기듯 들려요.

연습 방법

▶ 발성 연습 때와 동일하게 벽을 보고 서서 텍스트를 읽는다. 이때 포인트는 텍스트 내용, 즉 의미와는 상관없이 한 음씩 또박또박 읽는 것이다.

▶ 예를 들어, "어/제/저/녁/아/홉/시/삼/십/분/경/대/구/시/한/건/물/에/서"처럼 음 하나하나를 끝까지 발음하면서 읽는다.

▶ 하루 1~2번, 한 번에 3분 정도 권장한다. 발성 연습할 때 함께 하면 시너지가 좋다.

▶ 사투리 혹은 어조가 심한 말하기(아이처럼 말하는 습관)를 고치기 위해서는 'AI처럼 말하기' 연습이 좋다. AI는 말할 때 어조 그래프가 크지 않다. AI처럼 어조를 일정한 톤으로 읽는 연습을 하면 빨리 고칠 수 있다.

차가운 이미지

평소랑 똑같은데
오늘 안 좋은 일이 있었냐는
말을 들은 적이 있어요.
긴장하면 말이 더 짧아져요.
의도와 다르게 제 말을
오해하기도 해요.
긍정적 이미지를
갖고 싶어요.
밝은 표정을 지어야겠다고
생각하는데 잘 안 돼요.

연습 방법

▶ 직설적으로 말하는 화법보다는 우회적으로 말한다.

▶ 말끝을 길게 늘이고, 톤을 살짝 내려서 말한다.

▶ 웃는 표정을 지으며 말한다. 이때 입꼬리보다 광대를 올리는 느낌으로 한다.

[STEP 3 - 실전]

 버려야 할 말 습관

🚩 WORST 고개를 까닥대고, 머리를 만지작거리며 말한다
면접을 볼 때 긴장된 나머지 지나치게 고개를 까닥거리거나 앞머리를 만지작거리며 말한다.

👍 BEST 곧은 자세로 상대의 눈을 마주치며 자신의 의견을 말한다
말할 때는 눈을 크게 뜨고 미소를 짓는 등 비언어적인 얼굴 표정과 몸짓으로 면접관에게 집중하고 있다는 것을 알린다. 그리고 핵심 내용을 강조해 말한다.

제대로 말하는 것을 방해하는 습관

국제 행사 진행자로 일하다 보면 저명한 연사들을 무수히 만난다. 그런데 그들 중에서 한국어든 영어든 말하기를 잘하는 사람은 별로 없다. 자신이 머릿속에 아는 것과 이것을 잘 전달하는 것은 다르다. 쓸데없는 습관들 때문에 그들의 말하기가 방해받는다. 다음의 말 습관을 확인해보자. 이 내용은 저명한 연사들의 공통된 비언어적 습관을 확인해 정리한 것이다. 누구나 하나씩은 꼭 갖고 있다. 자신에게도 해당하는 습관이 분명히 있을 것이다.

고쳐야 할 잘못된 비언어적 습관

표정	지나친 눈 깜빡임
	눈썹 움직이기
	비대칭 입꼬리
	불안한 시선 처리
	혀 내밀기
행동	짝다리
	호주머니 손 넣기
	너무 화려한 손동작
	마이크를 노래방 마이크처럼 잡기
	머리 넘기기
말	기승전결 없이 말하기
	문장이 너무 길고 중언부언하기
	핵심에서 벗어난 이야기 덧붙이기
	비속어 섞어 말하기
	준비한 내용 그대로 읽기
기타	'쓰읍' 침 넘기는 소리
	'음', '어'로 시작하는 첨가음
	너무 작은, 높은, 불안한 목소리
	강약 조절 없는 균일한 톤의 목소리
	이름 정확하게 발음하지 않기

말하기 실력을 향상할 수 있는 방법

말을 잘하고 싶다면 스스로의 말 습관을 점검한 뒤 훈련하는 것이 최선의 방법이다.

거울 연습

먼저 양치질할 때마다 치약을 짜며 거울 앞에 서서 거울 속 나한테 말을 걸어본다. "오늘 하루도 수고했어. 파이팅하자!" 같은 긍정적 말을 하면서 다양한 표정을 약 30초씩 연습한다. 거울은 내가 하루 중 오래 머무는 장소, 예를 들어 책상 같은 곳에 고개를 돌리면 보일 수 있도록 여러 개 놓는다. 거울 속 내 모습과 만날 때마다 웃고, 사람들과 대화하다가도 거울에 비친 표정을 자세히 보면 된다. 거울 연습을 통해 내 표정을 객관적으로 볼 수 있을 것이다.

중요!★
연습은 매일, 짧은 시간이라도 꾸준히 해야 한다. 말은 습관이고, 습관을 교정하는 것은 노력이 필요하기 때문이다. 적어도 일주일만 해 보면 조금씩 나아짐을 느낄 수 있다.

녹화 연습

녹음과 마찬가지로 녹화는 나의 비언어적 습관까지 객관적으로 볼 수 있는 방법이다. 연습 방법 가운데 가장 효과가 좋지만, 가장 냉정하다. 만약 면접을 준비할 시간이 별로 없다면, 질문에 답변하는 모습을 녹화해 직접 보고 분석하는 시간을 가지는 것이 효율적이다.

녹음 연습

내 모습을 객관적으로 평가하는 것은 쉽지 않다. 그래서 자신을 제삼자 시각으로 바라보고 분석하는 녹음이나 녹화 과정이 필요하다. 특히 발성·발음·목소리와 관련해서 문제가 있을 경우, 내가 텍스트를 읽는 걸 녹음하고 다시 들어보길 추천한다. 이렇게 하면 발성, 발음 연습이 어떻게 진행되는지 체크할 수도 있다.

[STEP 3 - 실전]

 긴장감 다스리기

🗨 WORST 과하게 긴장하면 실수를 연발한다
지나치게 긴장해 실전 상황에서 제대로 말을 하지 못한다. 연습한 만큼 말을 하지 못하고 실수한다.

👍 BEST 적절한 긴장감을 에너지화한다
어떤 상황에서 긴장하는지를 파악한 뒤 일부러 그런 상황에 놓여 트레이닝을 해본다. 또는 긴장된 상황에 놓인 나를 상상해보면서 머릿속으로 이미지트레이닝을 한다.

나는 왜 남들 앞에만 서면 떨릴까

긴장감 다스리기는 면접자에게 많이 받는 질문 주제다. 그만큼 긴장하면 실력을 발휘하지 못하는 사람이 많다는 말이다. 면접은 극도의 긴장감이 흐르는 시간이라 긴장을 극복하는 것이 정말 중요하다. 나는 1년에 약 180건 이상의 국제 행사를 진행한다. 수많은 VIP와 참석자 앞에서 전문 분야를 다루는데, 떨리지 않겠는가. 그런데 여기서의 차이점은 있다. 매일 긴장 상태에 놓이지만 나만의 긴장 반응 데이터베이스가 있다. 즉, 긴장할 때 어떤 반응을 보이는지 잘 알고 있다는 뜻이다. 예를 들면 이런 식으로 생각하는 것이다.

'오늘도 무릎이 떨릴 것 같네. 그럼 굽이 튼튼한 구두를 신어야지! 긴장하면 목이 타던데, 물을 챙겨야겠어. 손에 땀이 많이 나는 편이니까, 꼭 티슈를 가져가야지.'

❶ 의도적으로 긴장된 경험하기

긴장을 푸는 방법 중 하나는 긴장되는 상황을 많이 경험해 보는 것이다. 발표나 수업, 다양한 활동 등 다른 사람들 앞에서 이야기하는 기회를 의도적으로 찾아보자. 이렇게 해보면 점차적으로 나아지는 것을 느낄 수 있을 것이다. 일상적인 상황도 모두 연습이라 생각하고 대화하며 긴장감을 느껴보아야 한다. 친구들과 음식 메뉴를 정하거나, 가족들과 간단한 안부를 주고받을 때조차도 마치 면접을 준비하는 듯한 마음가짐으로 약간의 긴장을 느껴보자.

❷ 긴장된 상황에서 나를 관찰하기

두 번째 방법은 긴장 상황에서 내가 어떤 반응을 보이는지 주목하는 것이다. 긴장을 느끼는 순간에 내 몸과 마음의 변화를 관찰해보자. 머리가 정지하는 느낌이나 몸이 경직되는 느낌, 손에 땀이 나는 등의 반응이다. 이러한 차이를 통해 롤러코스터 꼭대기에 있는 것과 같은 긴장 상황에서 내 반응을 파악할 수 있다. 이 '떨림 반응 데이터'를 분석하면 긴장 상황에 대처하고 실수를 줄일 수 있다.

❸ 낯선 상황에 나를 던져보기

세 번째 방법은 낯선 상황과 사람들을 자주 마주하는 것이다. 일상에서 자주 하지 않던 활동을 시도해보고, 낯선 곳을 방문하며 새로운 경험을 쌓아보자. 낯선 사람들과 대화하는 것도 좋은 연습이 될 수 있다. 버스 기사나 편의점 직원에게도 먼저 말을 걸어보자. 이렇게 낯선 상황과 사람들을 마주하면 내 안의 방어막이 서서히 무너지고, 새로운 에너지가 생긴다. 이를 통해 낯선 상황과 사람들에 대한 적응력이 빨라질 것이다.

❹ 마치 경험해본 듯 이미지트레이닝하기

앞서 말한 대로 낯선 환경과 경험을 많이 겪어보는 게 중요하다. 여기에 더해 이미지트레이닝을 해보는 건 어떨까? 이 행위는 정말 마인드컨트롤에 도움이 된다. 올림픽에 참가하는 선수들이 자주 하는 훈련으로, 경기 전에 실전 같은 상황을 머릿속으로 연습하는 것이다. 진짜 경기장에 들어가서 일어날 모든 일을 정확한 순서대로 상상한다. 관중의 환호와 심판의 시선, 그리고 긴장되는 순간에 호흡을 내쉬는 것까지. 우리 뇌는 그런 상상을 진짜 경험한 것처럼 받아들인다.

면접 상황 머릿속에 그려보기

- ✔ 면접 당일, 시계가 울리면 약간의 긴장감과 함께 잠에서 깬다

- ✔ 속이 불편하지 않을 만큼 아침을 챙겨 먹으며 뉴스를 본다

- ✔ 헤어, 메이크업과 면접 복장까지 갖춘 뒤 가벼운 떨림을 느낀다

- ✔ 내게 자신감을 주는 아이템과 준비물까지 다시 한번 챙긴다

- ✔ 면접장에 30분 정도 여유 있게 도착해 주변을 살핀다

- ✔ 그리고 대기실로 들어가면 극도의 긴장감이 감돈다

- ✔ 준비한 내용을 쭉 살핀다(이력서, 일곱 가지 에피소드, 최근 뉴스 및 이슈, 정보 등)

- ✔ 내 수험 번호가 호명되면 심장이 빠르게 뛴다

- ✔ 면접장으로 들어가서 가볍게 목례를 하고 의자에 앉는다

- ✔ 질문을 받으면 당황하지 않고, 일곱 가지 에피소드 가운데 하나로 차분히 대답한다

- ✔ 답변이 막히면 가벼운 심호흡을 살짝 하고, 나의 일곱 가지 에피소드 중 하나를 떠올려 답변과 연결시킨다

- ✔ 면접이 마무리되면 역시 가볍게 목례를 하고 당당한 자세로 걸어 면접장을 나온다

TIP 면접 복장 가이드

메인 슈트 컬러

보통 면접 복장으로는 블랙 컬러를 많이 선택하는 경향이 있지만, 꼭 블랙에 얽매일 필요는 없다.

Check Point!
- ✔ 자신의 눈동자 색상을 체크한다.
- ✔ 내가 원하는 이미지를 고려해 어울리는 베이스 톤을 선택한다.

TIP!
셔츠는 대개 화이트 계열로 고르지만, 자켓 컬러에 따라 어울리는 셔츠 컬러도 다르다. 블랙과 네이비는 깨끗한 화이트, 브라운은 우윳빛 아이보리 톤이 잘 어울린다. 슈트의 색에 따라 반사판처럼 얼굴빛을 좌우한다.

블랙
세련되고 우아함
프로페셔널한 느낌
강하고 센 느낌

네이비
산뜻하고 깨끗함
신입 사원 느낌
야무지고 당찬 느낌

브라운
부드럽고 따뜻함
중후하고 여유로운 느낌
편안한 느낌

상의 스타일

직선형 스타일과 곡선형 스타일 중 내가 원하는 이미지에 어울리는 스타일을 고른다.

Check Point!

- ✓ 만약 어깨가 좁거나 굽은 편이라면 다소 소극적인 이미지로 보일 수 있다.
- ✓ 어깨 라인은 얼굴 폭을 기준으로 좌우 1:1:1이 가장 이상적이다. 재킷 안에 어깨 패드를 넣어 어깨 라인을 가로로 직선으로 만들면 프로페셔널한 인상을 연출할 수 있다.

직선형
깨끗하고 심플함
명료하고 깔끔함
세련됨
둥근 얼굴형 보완

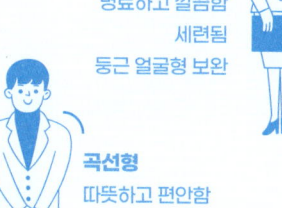

곡선형
따뜻하고 편안함
귀여움
부드럽고 포용력 있음
날렵한 얼굴형 보완

V존

남성의 대다수는 V자형 셔츠 스타일을 선호한다. 여성은 디자인 선택의 폭이 넓어 다양한 스타일을 연출하기도 한다. 그러나 여성도 면접 같은 공식적인 자리에서는 되도록 V자형 스타일을 고르는 것이 안전하다. 둥근 칼라나 어깨 라인은 프로페셔널한 느낌을 살리기 어렵기 때문이다. 명확하고 정돈된 직선 라인이 면접 복장으로는 더 어울린다.

TIP

구두

구두 선택은 준비 과정에서 종종 간과하는 부분 중 하나다. 면접은 일반적으로 머리부터 발끝까지 보이는 공간에서 진행되기 때문에 구두 역시 이미지를 완성하는 데 중요한 역할을 한다. 마찬가지로 세련되고 프로페셔널한 이미지를 연출하고 싶다면 앞코가 직선 디자인인 구두를 선택하는 것이 좋다. 또한 편안하고 여유로운 느낌을 전달하고 싶다면 둥근 코 디자인의 구두를 고려해보자. 평소 구두를 착용하지 않는 사람이라면 굽이 있는 구두를 꼭 신을 필요는 없다. 정장과 어울리는 로퍼나 단화를 신어도 충분하다. 다만 너무 트렌디하거나 눈에 띄는 신발은 피하자.

Check Point!

✔ 지원하려는 회사의 성격을 고려한다. 예를 들어 금융권처럼 상대적으로 보수적인 회사에 지원할 때는 프로페셔널한 느낌을 내는 구두를 택한다. IT 및 스타트업과 같이 자유로운 분위기의 회사에 지원할 때는 편안하고 친근한 분위기를 반영하는 구두를 선택하는 것이 좋다.

TIP!

✦ 양말은 구두의 색과 같은 톤으로 신을 것.
✦ 정장을 입었을 경우 발목 양말을 신어 발목이 훤히 드러나는 경우가 있는데, 정장을 입을 때는 발목이 길게 올라오는 양말을 신는 것이 슈트의 매너다!

헤어스타일

방송이나 행사를 준비할 때 의상과 메이크업만큼이나 중요한 역할을 하는 것이 헤어스타일이다. 원하는 이미지를 표현하면서도 동시에 나의 얼굴형을 고려해 깔끔하게 정리해야 한다.

이런 행동은 금물!

- ✔ 인사할 때 머리를 만지는 습관
- ✔ 인사한 후 고개로 앞머리를 털어내는 행동
- ✔ 말하면서 계속해서 머리를 만지거나 넘기는 행동

TIP!

- ✦ 이마를 드러내면 더 시원한 느낌을 줄 수 있다.
- ✦ 정수리에 약간의 볼륨을 주어 얼굴을 작아 보이게 할 수 있다.
- ✦ 앞머리가 있다면 이마가 조금 보이게 스타일링하는 것이 좋다.
- ✦ 둥근 얼굴형의 경우, 가르마를 4:6 비율로 타는 것이 얼굴형 보완에 도움이 된다.
- ✦ 얼굴이 둥글다면 머리를 묶어서 얼굴 주변을 깔끔하게 정리하는 것이 좋다.
- ✦ 머리를 고정하는 것을 잊지 말고, 되도록 신경 쓰이지 않도록 한다.
- ✦ 여성의 경우, 머리를 묶든 풀든 상관없지만 면접 동안 지저분해지지 않도록 고정해 스타일을 유지하는 것이 낫다.

TIP 면접 매너 가이드

회사는 화려한 언변을 늘어놓는 사람보다
매너를 갖춘 지원자를 선호한다

**면접장으로 들어갈 때
인사를 할까, 말까?**

문을 열었을 때 발걸음을 살짝 멈추고 가볍게 목례한 뒤 들어가자. 면접관이 보지 않는 것 같아도 다 본다.

**면접관이 나를 쳐다보지
않는데 아이 콘텍트를
할까, 말까?**

상대방이 나를 보고 있지 않더라도 내가 먼저 눈을 마주쳐야 한다. 당당한 아이 콘텍트는 자신감으로 이어지니까.

**면접장 분위기가
안 좋은데 웃을까, 말까?**

경직된 분위기에 눌리면 절대 안 된다. 나는 내 페이스대로 웃는 얼굴로 자신감 있게 답변해야 한다.

**친한 친구를 만났는데
같이 앉을까, 말까?**

의외로 면접장에서 시끄럽게 떠드는 사람이 있다. 가벼운 사람으로 보일 가능성이 높다. 친구와는 밖에서 만나자.

더운 여름에 스타킹을 신을까, 말까?

특히 여성은 고민이 될 터. 맨 다리는 예의가 아니므로 스타킹은 신어주자.

면접장 건물에서 만나는 사람들과 눈이 마주치면 인사를 할까, 말까?

문을 열었을 때 발걸음을 살짝 멈추고 가볍게 목례한 뒤 들어가자. 면접관들이 보지 않는 것 같아도 다 보인다.

기다리다 보면 배고플 것 같은데 먹을 것을 가지고 갈까, 말까?

간단한 사탕이나 초콜릿이면 충분하다. 간혹 샌드위치나 커피를 들고 오는 경우도 있는데, 면접에 대한 예의가 아니다.

날씨가 더운데 반소매 셔츠를 입을까, 말까?

되도록 리스크 없는 차림이 좋다. 긴소매 셔츠, 긴소매 정장이 안정적이다.

면접 끝나고 나올 때 등을 보일까, 말까?

면접이 끝나면 긴장을 풀고 쌩하게 나가는 사람도 있다. 하지만 끝날 때까지 끝난 게 아니다. 의자에서 일어나 가볍게 목례하고, 바로 등을 보이지 말고 살짝 사선으로 서너 걸음 걷고 이후 천천히 등을 보이며 퇴장하자.

TIP 면접 질문 가이드

면접장에서 피해야 할 질문 5

휴가는 언제부터 쓸 수 있나요?
일을 시작하기도 전에 쉬는 것을 챙기려는 사람으로 보일 수도!

연봉이 얼마인가요?
가장 궁금하지만 가장 유의해야 하는 질문이다.

재직자 근속 연수가 짧은데 (혹은 영업이익이 적자던데), 이유가 있나요?
회사에서 예민하게 생각할 만한 질문은 절대 금물이다.

어떤 복지가 있나요?
합격을 해야 혜택도 누릴 수 있다. 합격부터 먼저 하자!

근무시간을 조정할 수 있나요?
회사는 조직 생활인데, 조직보다 개인을 우선하는 사람처럼 보일 수 있다.

면접장에서 점수 얻을 수 있는 질문 5

이번 채용자에게 어떤 점을 기대하시나요?

회사가 원하는 인재와 나의 모습이 적합한지 스스로 판단할 수 있다.

해당 직무에서 가장 중요한 자질은 무엇인가요?

다른 회사의 면접을 본다면 도움이 될 수 있다.

구내식당 밥은 맛있나요?

회사에 관심을 나타내는 질문!

입사하게 된다면 준비할 것이 있을까요?

입사 후의 계획을 준비하는 열정 있는 모습으로 비칠 수 있다.

면접관님은 처음 회사에서 면접 볼 때 저처럼 떨리셨나요?

위트 있게 분위기를 풀 수 있다. 개인적 경험을 묻는 질문이므로 분위기를 잘 파악할 것.

PLUS+

면접 가이드
퀵 메뉴 20

후배야, 때로는
아주 작은 차이로
당락이 달라진단다

· 1 ·
웃는 얼굴은 누구도 이길 수 없다

실제로 웃으며 인사하는 면접자는 많지 않다. 혹은 본인이 웃고 있다고 생각하지만 실제론 어색한 미소를 짓는 경우도 종종 있다. 그러나 수많은 지원자 사이에서 자연스럽게 미소를 띤 얼굴의 지원자가 오래 기억에 남는다. 긍정적인 태도로 인식되기 때문이다. 특히 면접처럼 분위기가 경직된 자리에서 웃는 얼굴은 분위기를 바꿀 수 있는 핵심적 요소다.
크게 웃지 않더라도 좋으니 미소 띤 얼굴을 연습해보자.
웃는 얼굴은 합격으로 가는 지름길이다.

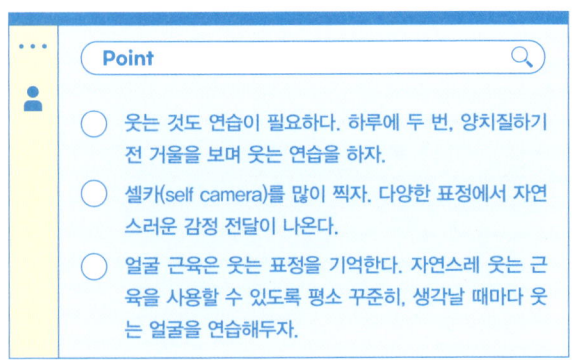

Point

- 웃는 것도 연습이 필요하다. 하루에 두 번, 양치질하기 전 거울을 보며 웃는 연습을 하자.
- 셀카(self camera)를 많이 찍자. 다양한 표정에서 자연스러운 감정 전달이 나온다.
- 얼굴 근육은 웃는 표정을 기억한다. 자연스레 웃는 근육을 사용할 수 있도록 평소 꾸준히, 생각날 때마다 웃는 얼굴을 연습해두자.

· 2 ·
처음도 인사, 마지막도 인사

인사는 사회생활에서 너무나 중요한 절차다. 누군가에게 나를 소개하는 첫 관문이기 때문이다. 그러나 지금까지 만난 지원자들 가운데 인사를 잘했던 사람은 손에 꼽을 정도다. 그만큼 인사를 간과하며 면접을 준비한다. 사실 면접은 면접장 안에서만 이루어지는 것이 아니다. 면접장이 있는 건물에 들어서면서부터 이미 면접은 시작된다. 건물에서 마주친 모든 사람이 실은 예비 면접관이 될 수도 있기 때문이다. 눈이 마주쳤다면 살짝 미소를 띠고 가벼운 목례로 "안녕하십니까"라고 정확히 발음하는 것이 좋다. 그리고 면접장에 들어설 땐 당연히 시원한 목소리로 인사해야 한다.

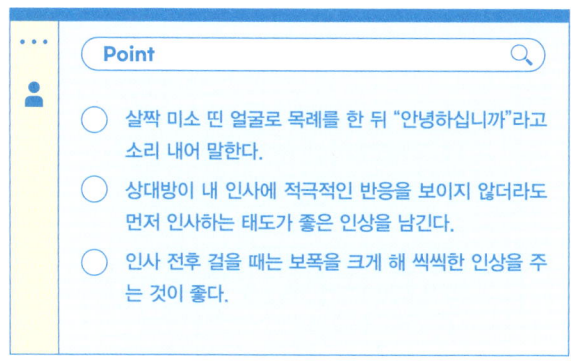

Point

- 살짝 미소 띤 얼굴로 목례를 한 뒤 "안녕하십니까"라고 소리 내어 말한다.
- 상대방이 내 인사에 적극적인 반응을 보이지 않더라도 먼저 인사하는 태도가 좋은 인상을 남긴다.
- 인사 전후 걸을 때는 보폭을 크게 해 씩씩한 인상을 주는 것이 좋다.

3

대답보다 태도

"아, 대답을 못 했어요, 떨어지겠죠?"라며 자책하다가 합격 문자에 어리둥절한 면접자들이 꽤 많다. 입에서 나오는 콘텐츠만 대답이 아니다. 표정과 제스처, 눈빛과 앉아 있는 포즈, 다른 사람 이야기를 경청하는 태도 등 모든 비언어적 요소가 대답이다. 이 비언어적 요소를 보면, 해당 면접자가 어떤 마음가짐으로 이 자리에 있는가가 확실히 보인다. 때문에 말보다 더 중요한 것은 비언어적 요소다. 조금 부족한 답변일지라도, 보여준 태도에서 우직함과 신뢰를 느꼈다면 좋은 점수를 받을 확률이 높다.

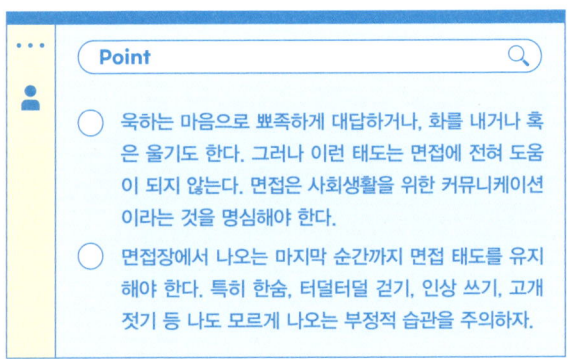

Point

- 욱하는 마음으로 뾰족하게 대답하거나, 화를 내거나 혹은 울기도 한다. 그러나 이런 태도는 면접에 전혀 도움이 되지 않는다. 면접은 사회생활을 위한 커뮤니케이션이라는 것을 명심해야 한다.
- 면접장에서 나오는 마지막 순간까지 면접 태도를 유지해야 한다. 특히 한숨, 터덜터덜 걷기, 인상 쓰기, 고개 젓기 등 나도 모르게 나오는 부정적 습관을 주의하자.

4

이름은 나를 보여주는 브랜드

자신의 이름을 명확하게 발음하는 사람은 의외로 많지 않다.
이름을 소개하고 발음하는 방법을 가르쳐준 곳이
없기 때문인지 흘려서 발음하는 경우가 더 많다.
그러나 이름은 내 인생을 대표하는 브랜드명과 같다.
나이키, 아디다스 같은 유명 브랜드의 이름을 들었을 때
떠오르는 이미지가 있듯이 이름도 마찬가지다. 이름을
소개하는 것은 '나'라는 브랜드를 강조하는 기회다.
준비된 사회인이라는 이미지를 줄 수 있도록
연습해보자.

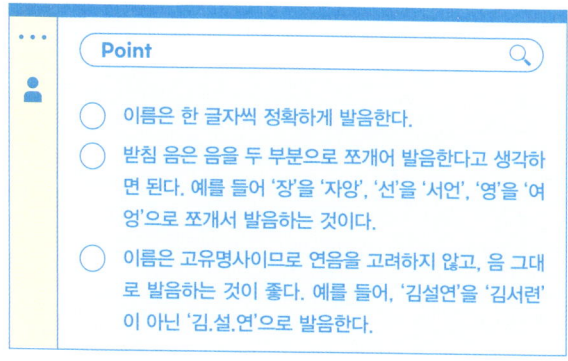

Point

- 이름은 한 글자씩 정확하게 발음한다.
- 받침 음은 음을 두 부분으로 쪼개어 발음한다고 생각하면 된다. 예를 들어 '장'을 '자앙', '선'을 '서언', '영'을 '여엉'으로 쪼개서 발음하는 것이다.
- 이름은 고유명사이므로 연음을 고려하지 않고, 음 그대로 발음하는 것이 좋다. 예를 들어, '김설연'을 '김서련'이 아닌 '김.설.연'으로 발음한다.

· 5 ·

첫인상은 많은 것을 결정한다

사람에 대한 인상은 몇 초 만에 형성되며, 처음 접하는 정보가 이후에 얻는 정보보다 훨씬 강한 영향을 미친다. 다시 말해, 처음의 인상이 후속 정보보다 더 강력하게 작용할 수 있다. 예를 들어, 이미 '소극적이고 조용하며 감정 표현이 부족하다'는 이미지를 얻었다면, 나중에 진취적이고 적극적인 행동 사례를 제시하더라도 첫인상의 이미지를 쉽게 전환하기 어려울 수 있다. 이를 바꾸는 것은 가능하지만 상당한 시간과 노력이 필요한 일이라는 의미다.

> **Point**
>
> ○ 자신에 대한 긍정적 이미지를 가진다. 자신감을 키우면 첫인상이 더욱 긍정적으로 전달될 수 있다.
> ○ 적극적인 몸짓과 표정을 유지한다. 대화 중에 상대방과 눈을 맞추고 관심을 표현하는 표정을 지어라.
> ○ 자신의 경험과 역량을 강조하면서도 겸손한 태도를 유지한다.

6

이미지 스타일링을 활용하라

면접에서 스타일링은 마치 비빔밥에 마지막으로 넣는 참기름과 같다. 이 작은 참기름 한 방울이 음식의 맛과 향을 크게 바꾼다. 여러분이 원하는 나의 모습을 표현하기 위해 선택한 이미지 역시 그 역할을 한다. 발성과 발음 등을 통해 야무진 이미지, 똑 부러지는 이미지, 밝은 이미지, 차분한 이미지, 프로페셔널한 이미지 같은 다양한 면면을 강화할 수 있었다면 스타일링은 면접 준비의 마지막 단계에서 나의 완벽한 말하기를 위한 필수 요소다.

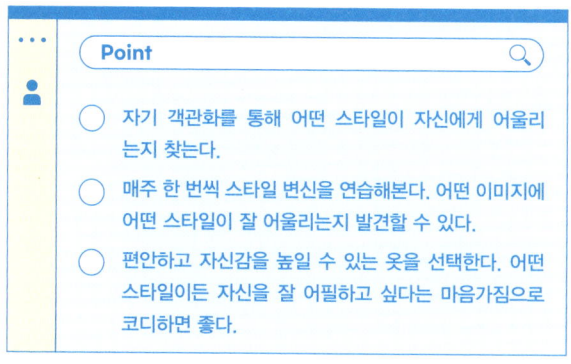

Point

○ 자기 객관화를 통해 어떤 스타일이 자신에게 어울리는지 찾는다.

○ 매주 한 번씩 스타일 변신을 연습해본다. 어떤 이미지에 어떤 스타일이 잘 어울리는지 발견할 수 있다.

○ 편안하고 자신감을 높일 수 있는 옷을 선택한다. 어떤 스타일이든 자신을 잘 어필하고 싶다는 마음가짐으로 코디하면 좋다.

7

글을 잘 쓰면 말도 잘할 수 있다

간혹 "저는 말은 잘하는데 글이 잘 안 써져요"라는 고민을
토로할 때가 있다. 그러나 이 사람은 아마 말도 잘 못할 확률이
높다. 사람의 말과 글의 체계는 동일하기 때문이다.
그러므로 말과 글을 따로 공부하고 연습하는 것 또한
비효율적이다. 말이든 글이든, 면접 준비든 자기소개서든
같은 맥락으로 준비해야 한다. 짧은 시간 안에 나를 보여줘야
한다는 압박감에 미사여구를 동원하거나, 설명이 길어지는
경우가 있는데, 안타깝게도 사람의 집중력은 한계가 있다.
핵심만 임팩트 있게 전달해야 한다.
더 궁금한 것은 면접관이 자연스레 물어본다.

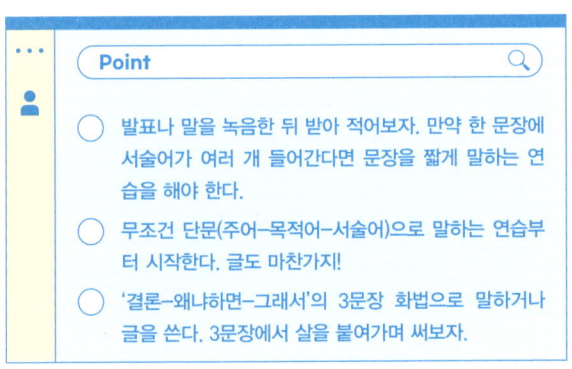

Point

- 발표나 말을 녹음한 뒤 받아 적어보자. 만약 한 문장에 서술어가 여러 개 들어간다면 문장을 짧게 말하는 연습을 해야 한다.
- 무조건 단문(주어-목적어-서술어)으로 말하는 연습부터 시작한다. 글도 마찬가지!
- '결론-왜냐하면-그래서'의 3문장 화법으로 말하거나 글을 쓴다. 3문장에서 살을 붙여가며 써보자.

8

자기소개서 미리 써두기

많은 지원자가 자기소개서를 작성한 후
면접 준비를 시작한다. 채용 공고가 올라오면 자기소개서를
작성해 기간 안에 제출하는 것에 급급하다.
안타깝게도 이렇게 작성된 자기소개서는 서류 심사를
통과하는 데 그친다. 자기소개서는 면접 합격을 위한 도구다.
자기소개서를 작성할 때부터 면접에서 대답할 내용을
고려해야 한다. 전략이 필요한 부분이다.
채용 공고 마감일에 닥쳐 전략을 구사해 자기소개서를
작성하는 것은 쉽지 않다.

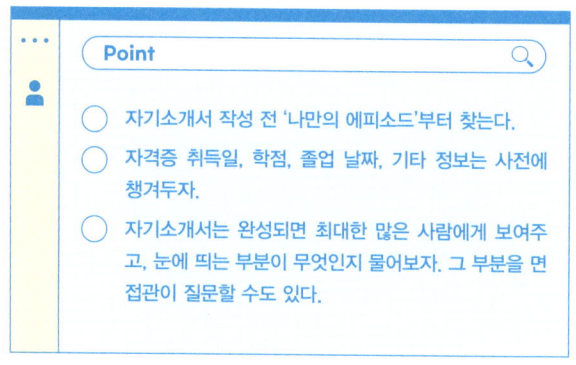

Point

- 자기소개서 작성 전 '나만의 에피소드'부터 찾는다.
- 자격증 취득일, 학점, 졸업 날짜, 기타 정보는 사전에 챙겨두자.
- 자기소개서는 완성되면 최대한 많은 사람에게 보여주고, 눈에 띄는 부분이 무엇인지 물어보자. 그 부분을 면접관이 질문할 수도 있다.

9

긴장해서 말이 꼬일 때

긴장된 상태에서 질문에 답하다 보면, 머리가 백지장이 될 때가 있다. 혹은 당황한 나머지 말이 꼬이기도 한다 "이번 주말에 등산 갈래? 건강을 생각해야잖아. 그동안은 더워서 못 갔거든. 근데 등산 가면 절로 밥맛이 좋아진다? 그런데 등산엔 역시 막걸리긴 하지…."라는 말의 핵심 메시지는 무엇일까? 정확히 파악하기 어렵다. 의식의 흐름대로 말했기 때문이다. 이럴 때는 가장 처음 내뱉었던 문장으로 마무리하면 된다.

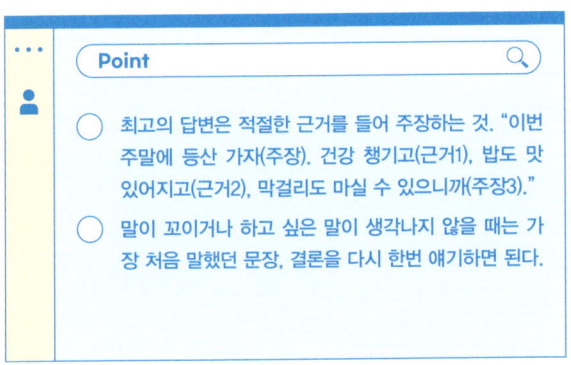

Point

- 최고의 답변은 적절한 근거를 들어 주장하는 것. "이번 주말에 등산 가자(주장). 건강 챙기고(근거1), 밥도 맛있어지고(근거2), 막걸리도 마실 수 있으니까(주장3)."
- 말이 꼬이거나 하고 싶은 말이 생각나지 않을 때는 가장 처음 말했던 문장, 결론을 다시 한번 얘기하면 된다.

· 10 ·

긍정의 단어에서 오는 힘

면접 자리에서 자신을 표현할 때 '못(하다)', '우울', '거짓말' 같은 부정적 단어를 피하는 것이 좋다. 말에는 힘이 담겨 있어 같은 내용이라도 부정적 단어를 사용하면 그 단어의 에너지가 남아 있을 수 있다. 이러한 단어는 상당한 영향력을 갖고 있다. 면접 답변 중에서 부정의 의미가 담긴 단어가 들리면, 면접관은 자연스럽게 당신을 부정적인 이미지로 인식할 수 있다. 모든 단어는 긍정의 형태로 바꿔 표현하도록 노력하자.

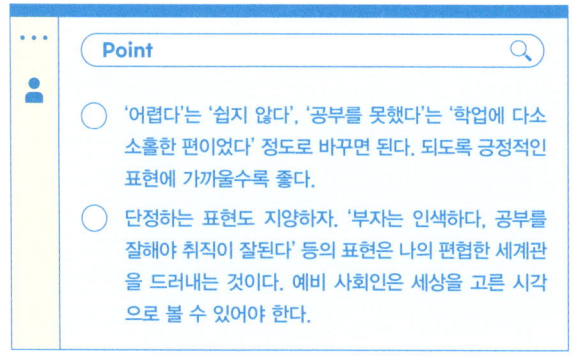

> **Point**
>
> ○ '어렵다'는 '쉽지 않다', '공부를 못했다'는 '학업에 다소 소홀한 편이었다' 정도로 바꾸면 된다. 되도록 긍정적인 표현에 가까울수록 좋다.
>
> ○ 단정하는 표현도 지양하자. '부자는 인색하다, 공부를 잘해야 취직이 잘된다' 등의 표현은 나의 편협한 세계관을 드러내는 것이다. 예비 사회인은 세상을 고른 시각으로 볼 수 있어야 한다.

11

모를 땐 모른다고 말하기

어떻게 답해야 할지 모를 때도 있다. 특히 시사 상식이나 업무 관련 정보를 물어볼 때 정확한 내용을 모른다면 당황스러울 것이다. 그러나 당연히 모를 수도 있다. 신입 사원이니까! 틀린 답을 정답처럼 꾸며 말하는 것보다 최대한 솔직하게 부족함을 인정하는 태도가 훨씬 멋지다. 때문에 모르는 내용에 대해 질문을 받더라도 당황하지 말고, 호흡을 가다듬고 진솔하게 답변하면 된다. 아직 잘 모르는 부분이긴 하나, 앞으로 더 배우고 공부해 답변하고 싶다는 태도로 어필하면 면접관들도 충분히 이해할 수 있다.

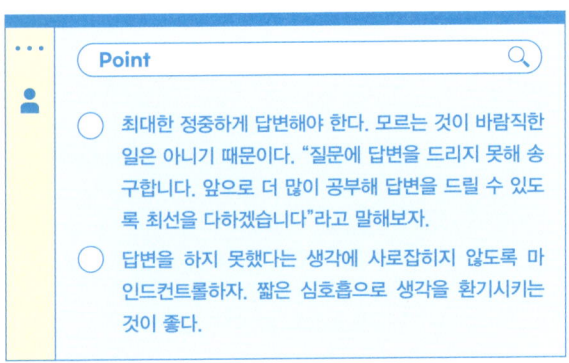

Point

- 최대한 정중하게 답변해야 한다. 모르는 것이 바람직한 일은 아니기 때문이다. "질문에 답변을 드리지 못해 송구합니다. 앞으로 더 많이 공부해 답변을 드릴 수 있도록 최선을 다하겠습니다"라고 말해보자.
- 답변을 하지 못했다는 생각에 사로잡히지 않도록 마인드컨트롤하자. 짧은 심호흡으로 생각을 환기시키는 것이 좋다.

· 12 ·

미리 경험해본 듯 상상하기

면접 보기 전, 내가 할 행동과 상황 속 분위기,
냄새와 시선까지 하나하나 짚어가며 이미지트레이닝을
해야 한다. 이런 연습은 우리의 뇌가 실제로 이 일을
미리 경험해본 것처럼 느끼게 한다. 즉, 실전 연습인 셈이다.
올림픽 역시 여러 번 출전하기 어렵기에 이미지트레이닝을
통해 실전 연습을 하는 것처럼 면접 연습도 충분히 가능하다.
시간이 날 때마다 머릿속으로 미리 면접을 경험해보자.
최대한 현실처럼, 동선을 그리며 천천히 짚어봐야 한다.

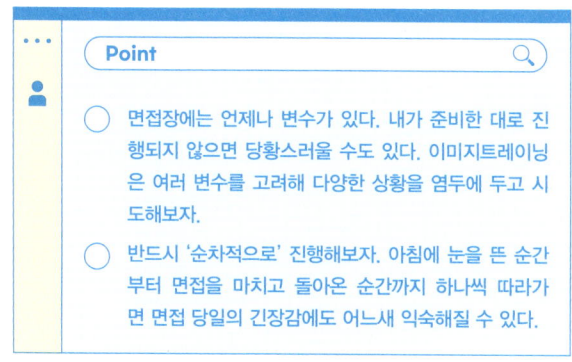

Point

○ 면접장에는 언제나 변수가 있다. 내가 준비한 대로 진행되지 않으면 당황스러울 수도 있다. 이미지트레이닝은 여러 변수를 고려해 다양한 상황을 염두에 두고 시도해보자.

○ 반드시 '순차적으로' 진행해보자. 아침에 눈을 뜬 순간부터 면접을 마치고 돌아온 순간까지 하나씩 따라가면 면접 당일의 긴장감에도 어느새 익숙해질 수 있다.

· 13 ·

인터넷 화법, 줄임말, 유행어를 조심하라

"주말에는 스카(스터디 카페)를 주로 갑니다. 대딩(대학생) 때는 긱사(기숙사)에서 생활했습니다." 이처럼 평소 쓰던 단어를 의심 없이 면접장에서도 사용하는 경우가 꽤 많다. 한편 본인의 성격을 묻는데 MBTI(성격유형 검사)를 이용해 "저는 E입니다", "I에 가까운 E입니다"라는 식의 대답을 하는 면접자가 늘었다. 면접은 예비 사회인을 위한 자리다. 비즈니스적 태도와 행동, 용어를 구사하는 것이 필요한데 아직 학생처럼 생각하고 말한다면 좋아 보일까? 자신의 언어 습관을 되돌아보자.

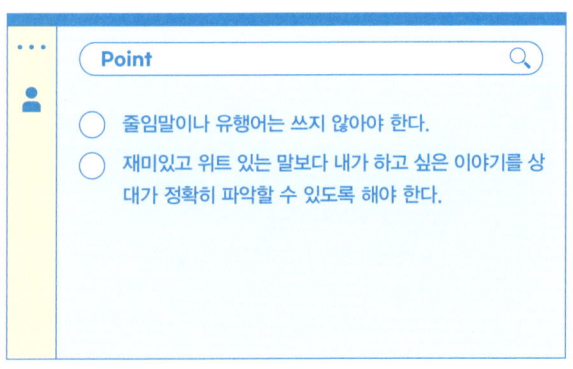

Point

○ 줄임말이나 유행어는 쓰지 않아야 한다.
○ 재미있고 위트 있는 말보다 내가 하고 싶은 이야기를 상대가 정확히 파악할 수 있도록 해야 한다.

· 14 ·

명언이나 격언 한 가지 기억하기

마음에 새긴 명언이나 격언, 혹은 기억에 남았던
영화의 한 장면 정도는 기억해두는 것이 좋다.
이는 인생의 가치관이나 사람과의 관계를 묻는 질문에
대답할 때 내 생각을 한마디로 보여줄 수 있다.
여러분의 중요한 가치가 열정이라면 노력에 관련한
명언이나 격언을 찾아보고, 부지런함을 강조하고 싶다면
성실한 삶과 관련된 내용을 찾아보는 식이다. 이렇게 하면
한 문장으로 내가 누구인지 효과적으로 표현할 수 있다.

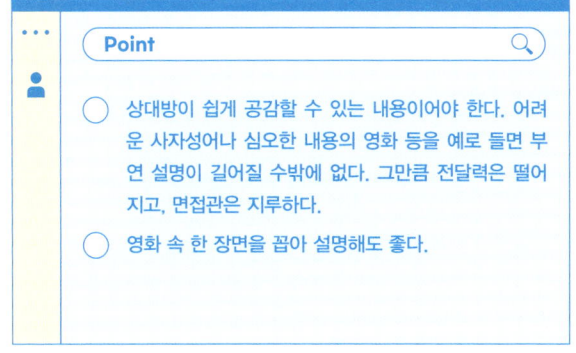

Point

- 상대방이 쉽게 공감할 수 있는 내용이어야 한다. 어려운 사자성어나 심오한 내용의 영화 등을 예로 들면 부연 설명이 길어질 수밖에 없다. 그만큼 전달력은 떨어지고, 면접관은 지루하다.
- 영화 속 한 장면을 꼽아 설명해도 좋다.

· 15 ·

긴장하면 얼굴 빨개지는 사람

면접 도중 당황스러운 질문을 받거나, 면접 분위기에
점점 긴장감이 커지는 경우 얼굴이 빨개질 수 있다.
특히 목이나 귀까지 빨개지는 것이 느껴지면,
'내가 긴장하고 있다'는 것을 들킬까 봐 더 마음을 졸이게 된다.
결국 자신감 하락의 요인이 되기도 한다. 그 때문에
긴장하면 얼굴이나 목, 귀 등이 빨개지는 사람들은
이를 보완할 방법이 필요하다. 면접에서 굳이 나의 약점을
드러낼 필요는 없기 때문이다.

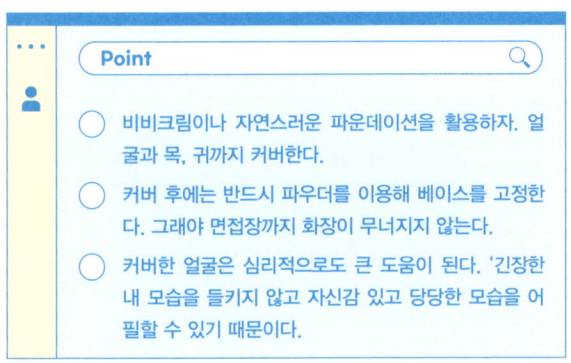

Point

- 비비크림이나 자연스러운 파운데이션을 활용하자. 얼굴과 목, 귀까지 커버한다.
- 커버 후에는 반드시 파우더를 이용해 베이스를 고정한다. 그래야 면접장까지 화장이 무너지지 않는다.
- 커버한 얼굴은 심리적으로도 큰 도움이 된다. '긴장한 내 모습을 들키지 않고 자신감 있고 당당한 모습을 어필할 수 있기 때문이다.

· 16 ·

물은 목을 축이는 정도만

긴장하면 물을 마셔도 자꾸만 입술이 바짝 마르거나
목이 타곤 한다. 그런데 이때 갈증이 난다고 해서 물을
많이 마시면 어떻게 될까? 면접장에 들어가기 직전 급한
신호가 올 수 있다. 얼마나 당황스러운가. 면접 직전 복도에서
대기할 때 화장실을 가고 싶어 하는 면접자들이
꽤 많다. 만약 급하게 화장실을 다녀왔다면
차분한 마음가짐을 되찾기란 쉽지 않다.
면접은 되도록 리스크를 줄여야 한다.
물을 많이 마시는 것은 되도록 지양하자.

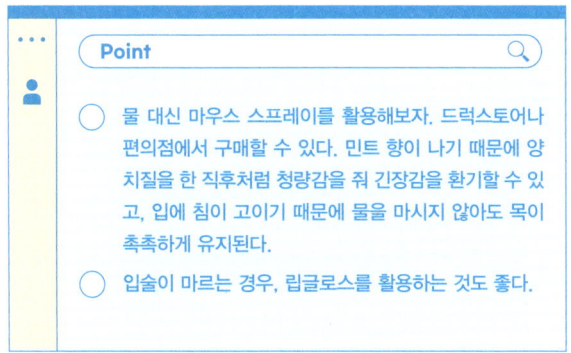

Point

- 물 대신 마우스 스프레이를 활용해보자. 드럭스토어나 편의점에서 구매할 수 있다. 민트 향이 나기 때문에 양치질을 한 직후처럼 청량감을 줘 긴장감을 환기할 수 있고, 입에 침이 고이기 때문에 물을 마시지 않아도 목이 촉촉하게 유지된다.
- 입술이 마르는 경우, 립글로스를 활용하는 것도 좋다.

· 17 ·
면접관 눈을 마주치기 어려울 때

대화할 때 내용에 집중하는 것도 쉽지 않은데, 눈을 쳐다보는 것은 더욱 어렵다. 그러나 진솔함과 진정성은 눈을 통해 교감된다. 면접처럼 주어진 시간 안에 자신의 모습을 효과적으로 보여주어야 하는 상황에서는 매우 중요하다. 일단 면접장에 들어서면 마음속으로 두 명의 면접관을 선택해보자. 인상이 편안하게 느껴지는 사람이 좋다. 이 두 명의 면접관을 번갈아 천천히 바라보며 이야기를 이어가자. 다른 면접관이 질문하더라도 평가는 모든 면접관이 공동으로 진행하기 때문에 선택한 두 면접관만 주의 깊게 살펴봐도 된다.

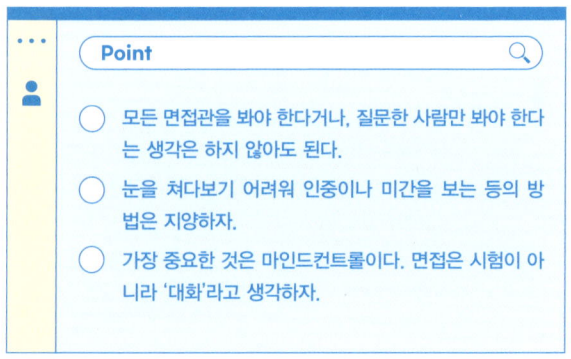

Point

- 모든 면접관을 봐야 한다거나, 질문한 사람만 봐야 한다는 생각은 하지 않아도 된다.
- 눈을 쳐다보기 어려워 인중이나 미간을 보는 등의 방법은 지양하자.
- 가장 중요한 것은 마인드컨트롤이다. 면접은 시험이 아니라 '대화'라고 생각하자.

· 18 ·

편안한 말투가 신뢰감을 높인다

일반 대화와 달리 면접 답변이 진솔하게 와닿지 않는 이유는
말투의 영향도 있다. 이 문제는 보통 면접 답변을 문어체로
정리하는 과정에서 생긴다. 예상 답변을 글로 정리하면 읽었을
때는 괜찮지만 실제로 말해보면 어색하게 들린다.
나만의 에피소드를 활용할 때는 에피소드를 완벽하게
다듬는 것보다 키워드 위주로 작성한 뒤 누군가에게
이야기하듯 말하는 연습을 하는 것이 자연스러운 어투로
말하는데 도움이 된다. 차별화 된 경쟁력은
사소한 디테일에서 도드라진다.

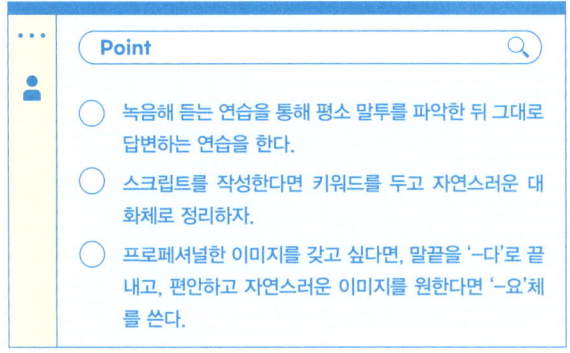

Point

- 녹음해 듣는 연습을 통해 평소 말투를 파악한 뒤 그대로 답변하는 연습을 한다.
- 스크립트를 작성한다면 키워드를 두고 자연스러운 대화체로 정리하자.
- 프로페셔널한 이미지를 갖고 싶다면, 말끝을 '-다'로 끝내고, 편안하고 자연스러운 이미지를 원한다면 '-요'체를 쓴다.

19

손은 어디에 두어야 할까

긴장한 상태에서는 행동이 부자연스럽기 마련이다. 그러나 면접처럼 비언어적 요소가 중요한 자리에서는 행동 하나하나가 신경 쓰일 수밖에 없다. 말을 하면서 손을 어디에 둬야 할지, 어떤 포즈로 말해야 할지 고민하는 것은 금물. 정답은 없지만, 평소의 나와 대비되는 제스처를 취하는 것이 좋다. 예를 들어 평소 손을 많이 쓰는 사람은 되도록 무릎에 손을 가지런히 올려두고, 표현이 적은 사람이라면 기준을 두고 확실한 제스처를 취하는 것이다.

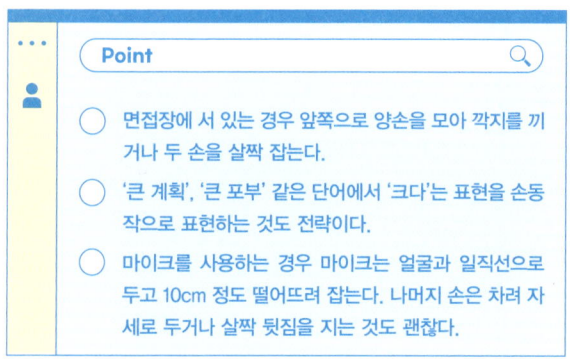

Point

- 면접장에 서 있는 경우 앞쪽으로 양손을 모아 깍지를 끼거나 두 손을 살짝 잡는다.
- '큰 계획', '큰 포부' 같은 단어에서 '크다'는 표현을 손동작으로 표현하는 것도 전략이다.
- 마이크를 사용하는 경우 마이크는 얼굴과 일직선으로 두고 10cm 정도 떨어뜨려 잡는다. 나머지 손은 차려 자세로 두거나 살짝 뒷짐을 지는 것도 괜찮다.

· 20 ·
마지막 질문은 이렇게

연봉이나 복지가 어떤지 묻는다면,
일을 시작하기도 전에 주어진 혜택만 관심 있는 사람으로
보일 수 있다. 워라밸을 유지할 수 있는 직장을 선호하는
구직자가 많지만 그렇다고 한들 면접에서 물어볼 소재는
아니다. 면접의 모든 답변은 전략적이어야 한다.
마지막까지 긴장을 놓지 않도록 하자. 업무 혹은
회사 생활과 관련한 질문이면 좋고, 최근 회사가 중점적으로
추진하는 분야나 사업에 대한 내용이라면 더 좋다.
내가 이 회사에 얼마나 큰 관심을 갖고 있는지
어필할 수 있는 기회이기 때문이다.

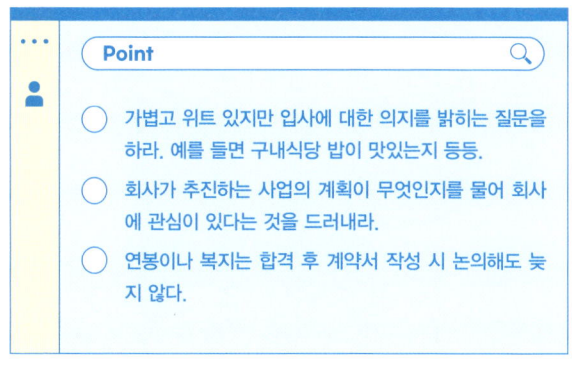

Point

- 가볍고 위트 있지만 입사에 대한 의지를 밝히는 질문을 하라. 예를 들면 구내식당 밥이 맛있는지 등등.
- 회사가 추진하는 사업의 계획이 무엇인지를 물어 회사에 관심이 있다는 것을 드러내라.
- 연봉이나 복지는 합격 후 계약서 작성 시 논의해도 늦지 않다.

QnA

그래도
궁금한 것

이럴 땐
어떻게 하나요?

info+

면접을 앞둔 526명의 청년들에게 물었습니다.
가장 많은 수를 차지한 질문 20개를 추려 답을 드립니다.

Q¹

자기소개서를 잘 쓰고 싶은데, 너무 뻔한 내용만 써져요

대단한 업적이 아니더라도 괜찮습니다.
나만 할 수 있는 이야기로 채워보세요.

나에 대해 깊은 고민이 없었군요. 제출 기한 안에 자소서를 써내야 한다는 조급함이 먼저 들었겠죠? 자, 일단 작성을 멈춰요. 그리고 빈 종이를 꺼내요. 그 종이에 지금부터 나만의 이야기, 즉 에피소드를 메모할 겁니다.

어린 시절-중·고등 학창 시절-대학생 시절 등 내 삶의 시간을 크게 나누어요. 그리고 오래 기억에 남았던 에피소드를 하나씩 메모해보세요. 어떤 내용이든 아주 작은 기억도 괜찮습니다. 물론 지금의 내 생각과 가치관에 영향을 준 에피소드가 있다면 더 좋겠죠. 기억의 바닥까지 탈탈 털어 에피소드를 나열했다면, 내가 면접에서 이야기하고 싶은 내용 일곱, 여덟 가지를 골라 순서대로 정리해요. 그리고 이 에피소드를 자기소개서 질문들에 적절히 배치해봅니다. 나의 성장 배경 질문에는 ①번 에피소드를, 향후 포부를 묻는 질문에는 ③, ④번 에피소드를 넣는 식으로요.

너무 뻔한 내용은 내가 쓴 자소서임에도 주어만 바꾸면 다른 사람도 가능한 이야기일 확률이 높아요. ==간혹 자소서에 대단한 업적과 경험을 써야 모범적인 내용이 아닌가, 오해하는 경우도 있습니다. 단언컨대 자소서는 진솔해야 합니다.== 아주 작지만 내가 느끼고 경험했던 시간을 소개해야 면접관도 공감할 수 있겠죠. 그리고 이렇게 나만 할 수 있는 이야기로 채운 자소서는 절대 누구도 흉내 낼 수 없어요. 내 이야기니까요.

Q²

면접관들이 실제로 가장 좋은 평가를 내리는 기준은 무엇인가요?

회사가 신입 사원에게 바라는 것은 적극적인 태도입니다.
스펙이 조금 부족하더라도 자신감 있는 태도로
최선을 다해 답변하세요.

실제로 면접관들에게는 '평가 기준'이라는 것이 주어집니다. 일종의 가이드라인이죠. 면접은 상당히 주관적인 평가로 진행될 수 있기에, 되도록 공정한 평가를 위해 사전에 면접관에게 교육을 진행합니다. 회사마다 조금씩 다르지만 어떤 회사든 공통적인 평가 기준이 있어요. 바로 '기본자세(attitude)'입니다.

여기에는 앉아 있는 자세나 표정, 자신감 있는 목소리, 열정적인 표현과 태도 등이 포함됩니다. 바로 비언어적 표현이죠. 실제로 해당 ==업무의 경험이 조금 부족하거나 지식이 해박하지 않더라도 배우며 일하고자 하는 의지나 열정이 강한 면접자에게 조금 더 후한 점수를 주기도 합니다.== 생각해보세요. 회사가 신입 사원에게 무엇을 바랄까요? 사실 20~30대 신입 지원자들의 경력이나 경험은 고만고만합니다. 실력이나 경력이 우선이라면, 경력직을 뽑겠죠. 소위 말하는 '스펙'은 마지막 단계에서는 큰 변별력을 갖지 않습니다. 게다가 서류를 통과하고 면접까지 올라갔다면, 여기서부터는 기본자세가 변별력이 될 수 있어요. 이게 바로 신입 사원이 갖춰야 할 태도, 회사가 원하는 부분입니다.

면접관도 보통의 사람입니다. 스펙이 조금 부족하더라도 씩씩한 말투와 자신감 있는 목소리로 최선을 다해 답변하는 면접자에게 마음이 가지 않을까요? 마지막으로 팁 하나 드리자면, 저는 인사를 잘하는 사람에게 좋은 평가를 하는 편입니다.

Q³

일하는 목적이 무엇인지 묻는데, 아무리 생각해도 '돈 버는 것'밖에 떠오르지 않아요

일에 대한 나만의 정의를 내려보세요.
자신감 있는 태도로 최선을 다해 답변하세요.

그렇죠. 가장 현실적이고 중요한 이유입니다. 크게 공감했어요. 취업의 근본적인 이유가 바로 경제적인 이유니까요. 그런데 '돈을 벌기 위해서'라면 굳이 이 회사만 고집할 필요가 있을까요? 아무 회사나 들어가도 돈은 벌 수 있지 않을까요? 시각을 조금 더 넓게 두어야 합니다.

회사에서 이룰 수 있는 목적이 돈밖에 없을까요? 아니죠. 우리가 일을 통해 얻는 것은 다양합니다. 많은 사람과 어울리며 사회생활을 하고, 그 속에서 내가 누구인가를 찾아가는 자아실현도 있고요. 혹은 회사가 가진 체계와 교육을 통해 능력을 향상시킬 수도 있죠. 그 속에서 또 다른 재능과 가능성도 찾을 수 있고요. 신입 사원에게 묻는 '일하는 목적'은 이 '일에 대한 나만의 정의'를 묻는 겁니다. 다시 말해, '이 회사와 이 일은 너에게 어떤 의미니?'라는 의미죠. 이런 질문에는 분명한 정의를 제시하는 답변이 좋습니다. 그리고 구체적이어야겠죠. 예를 들어, 나만의 일에 대한 정의에 구체적인 시기가 들어가면 더욱 설득력 있겠죠? "일이란 저의 성장 가능성을 보여줄 수 있는 기회라고 생각합니다. 우선, 앞으로 5년 안에 홍보 마케팅업계에 제 이름을 알리고 싶습니다" 같은 답변처럼 말입니다.

주의할 점이 있어요. 일하는 목적으로 '여행을 가기 위해, 돈을 많이 벌기 위해 혹은 빠른 은퇴를 위해' 등 개인적인 이유를 1순위로 들지 마세요. 여기서 말하는 일하는 목적은 개인적 이유가 아니라 일과 관련된 '비즈니스상의 정의'니까요.

Q⁴

같은 직무라도 기업마다 하는 일이 다른데, 디테일한 정보를 획득하는 팁을 알고 싶어요

회사 공식 홈페이지와 SNS, 유튜브는 기본입니다.
그리고 언론사에서 배포한 기사,
행사 기록을 확인해 참고해보세요.

회사 공식 홈페이지와 SNS, 유튜브 등 회사에서 공식적으로 운영하는 채널을 모두 검색해보세요. 회사 인재상, 채용 홈페이지 등도 꼼꼼히 보시고, 관련 직무에 대한 안내도 확인합니다. 두루뭉술한 표현 때문에 감이 잘 오지 않을 수도 있어요. 그러나 회사에서 제시한 공식적인 정보이므로 반드시 확인해야 합니다. 그리고 기사 검색을 하세요. 이때 유의할 점은, 블로그나 카페 등의 정보가 아닌 언론사에서 배포한 기사를 주로 참고해야 합니다. ==회사가 최근 어떤 부분에 관심을 두고 있는지(사회 공헌 사업 등), 어떤 계획을 갖고 있는지 알 수 있어요.==

다음으로는 회사가 참여한 채용박람회 등 행사 기록을 찾아보세요. 회사 블로그나 동영상 사이트 등에 결과물이 남겨져 있을 겁니다. 만약 취업 준비 도중 행사 기간이 겹친다면 꼭 현장에 찾아가보세요. 현장에서 해당 인사 담당자에게 구직 관련 팁이나 업무에 대한 생생한 이야기를 들을 수 있어요. 간혹 현장에서 채용을 진행하는 경우도 있고요. 어디서도 들을 수 없는 이야기가 현장엔 있습니다. 인터넷의 소위 카더라 통신보다 훨씬 값진 정보일 거예요.

마지막으로 저의 팁! 저는 무작정 홈페이지에 나와 있는 인사 담당자에게 메일을 보냈던 적이 있어요. 물론 간절한 제 마음이 통했는지 무척 친절히 안내해주셨고요. 이런 경우가 아니더라도 주변에 관련 업계에 취직한 선배 혹은 지인이 있다면 연락해 문의해보는 것도 큰 도움이 된답니다.

Q⁵

입사 후 포부에 대한 질문에 어떻게 대답해야 할지 모르겠어요

입사해 출근한다면 어떤 마음가짐으로
출근할 것인지 생각해보세요. 솔직한 마음을 전하면 됩니다.

어렵게 생각할 것 없어요. 결국 '어떤 각오로 일할 거니?'라는 의미거든요. 입사 첫날엔 무엇보다 '잘해야겠다! 실수하지 말아야지, 사람들과 잘 지내고 싶다!' 같은 마음이 들 텐데요. 이런 솔직한 마음을 전하면 됩니다.

먼저 한번 생각해보세요. 이 힘난하고 어려운 과정을 뚫고 마침내 합격했다면? 첫 출근을 하는 지금, 어떤 마음이 들까요? 그 마음을 상상하면서 답변을 떠올려보세요. 앞으로 이 회사에서 어떤 설레는 일들을 할 수 있을까요? 여기서 포인트는 바로 긍정적인 답변이에요. 사회생활은 절대 만만치 않죠. 수많은 갈등과 어려움을 이겨내며 비로소 한 뼘씩 성장합니다. '쉽지 않은 순간이 오더라도 긍정적으로 이겨내고 목표한 바를 이루겠다'가 이 대답의 핵심입니다.

"첫 출근을 하는 날 아침을 상상해보았습니다. 설레면서도 조금은 긴장될 것 같은데요. 신입이라 혹시 실수하진 않을까, 서툰 업무에 염려도 될 것 같습니다. 그러나 저는 작은 실수에도 큰 교훈이 있다고 생각합니다. 1년, 2년 후에 만날 후배 신입 사원들에게는 좋은 선례가 될 에너자이저 선배로 꼽히도록 ○○ 분야에 대해서 더욱 전문성을 갖추고 ○○ 회사에 꼭 필요한 사람으로 성장하고 싶습니다. 감사합니다" 같은 대답도 좋겠죠. '회사의 성장을 위해 나의 열정을 다하겠다, 혹은 회사의 성장이 곧 나의 성장이다'라는 '희생형 뉘앙스'의 답변은 피하세요. 시대가 변한 만큼 회사 문화도 달라지고 있으니까요.

Q⁶

회사에서 불합리한 일을 요구한다면 어떻게 하겠냐는 질문에는 뭐라고 답변하면 좋을까요?

첫 마디는 긍정적으로 시작하되 끝맺음은
자신의 의사 결정 기준에 따라
거절하는 프로세스로 대답하면 됩니다.

이 질문은 면접 단골 질문인데요. 참 난감하죠. 이렇게 곤란한 질문은 대체 왜 하는 걸까요? 바로 여러분의 대처 능력을 보기 위해서입니다. 의사 결정 상황 혹은 갈등이 발생했을 때 그 상황을 어떻게 해결하는가가 궁금한 겁니다. 모든 조직 생활에는 프로세스가 있습니다. 그 프로세스를 머리에 잘 입력해두고, 의사 결정 순서를 미리 정리해두세요. 면접을 넘어 사회생활에서도 유사한 상황을 만났을 때 당황하지 않고 대답할 수 있어요!

우선, 첫 답변은 긍정적인 것이 좋습니다. 예를 들어, "네, 우선 주어진 일은 해보겠다고 말씀드린 후 어떤 일인지 정확히 파악해보겠습니다. 그런 다음 '제가 최대한 노력하고 충분히 고민해보았지만 이번 건은 어려울 것 같다'고 정중하고 단호히 말씀드리고 싶습니다"와 같이 우선은 어떤 일이든 '해보겠다!'는 답변으로 시작하는 것이 좋습니다. 그러나 이후 거절은 정중하지만 단호하게 말하겠다며, 면접자의 강단 있는 모습을 어필하는 것도 좋겠죠. ==시도하지도 않고 처음부터 단칼에 거절하거나, 불합리한 일을 시킨 상사의 윗선에 알린다거나, 주변 선배들에게 조언을 구한다거나 하는 등의 답변은 지양하는 것이 좋습니다.== 핵심은 '우선 긍정적으로 시도해보고', '최선을 다했으나 어려울 것 같다'로 거절하는 프로세스를 기억해두세요.

Q⁷

경력을 쌓고 오라는데
어디서 경력을 쌓아야 되나요?

직무에 적합한 경력만 이야기하는 것은 아닙니다.
경험이 아니더라도 스토리만 있다면 자기소개서와 면접에서
활용할 수 있습니다.

'나는 신입 사원 채용에 지원했는데 어떻게 경력을 쌓지?'라는 의구심이 들 텐데요. 여기서 말하는 경력이 꼭 지원 분야의 업무 경력만을 의미하는 것은 아닙니다. 내가 지금까지 살면서 경험한 '사회 경험'이 지원 분야에 도움이 된다면 충분히 활용 가능합니다.

예를 들어 홍보 마케팅 분야에 지원하는 지원자가 있다고 생각해봅시다. 지원자는 영화관에서 아르바이트를 한 경험이 있습니다. 얼핏 보면 이 두 가지는 연관성이 없어 보입니다. 그는 영화를 아주 좋아했고, 그래서 영화 후기와 함께 아르바이트하며 생긴 에피소드를 SNS에 업로드했습니다. 팔로어 수가 점점 늘고 사람들의 반응도 꽤 긍정적이었죠. 그러면서 주변에서 영화관에서 일하는 사람들에게도 관심을 갖기 시작하는 걸 느꼈습니다. 이런 경험을 하며 '마케팅에서 고객의 마음을 움직이는 건 사람 사는 이야기와 공감이구나' 하는 생각이 들었고 영화관 아르바이트 경력을 이력서에 기재합니다. 실제로 제가 면접을 진행했던 지원자의 예시입니다. 면접에서 좋은 점수를 받았고 아주 인상적인 친구였죠.

거창하고 대단한 경력이 아니어도 괜찮습니다. 이력서에 기재 가능한, 증빙할 수 있는 경험이라면 아주 작은 경험이라도 좋아요. 어떤 경력이냐보다 어떤 생각을 얻었냐에 더 집중해보세요. 참고로 제가 아는 한 지원자는 바에서 칵테일을 만드는 아르바이트를 하다가 커뮤니케이션 부서에 취업한 경우도 있답니다.

Q⁸

**경험을 많이 해야 할지
스펙을 쌓아야 할지 궁금합니다**

경험을 많이 하세요. 다만 자신감에 영향을 준다면
스펙에 조금 더 집중하는 것이 좋습니다.

취업박람회 질의응답 시간에 단골로 등장하는 질문이네요. 그만큼 많은 분들이 고민하는 질문이란 얘기겠죠. 실제로 한 취업박람회에서 이 질문에 여러 인사 담당자들이 동시에 답변을 했는데, 이구동성으로 '경험'을 꼽았어요. <mark>서류 전형을 통과할 정도의 스펙이라면 이후는 사실 어떤 경험을 했느냐가 더 중요하거든요. 그게 곧 그 사람을 보여주는 부분이기 때문이죠.</mark>

저 역시 경험을 많이 하라고 추천하고 싶어요. 특히 취업까지 아직 시간 여유가 있다면 다양한 대외 활동과 봉사 활동, 인턴십 등 경험을 쌓아보세요. 굳이 한 가지 분야로 국한할 필요는 없어요. 다양한 분야라 해도 꾸준히 세상에 도전하며 살아왔다는 인상을 줄 수 있으니까요.

그런데 만약 낮은 토익 점수나 학점, 학교 때문에 자신감이 떨어진다면 스펙을 쌓는 것에 조금 더 집중하는 것이 좋습니다. 왜냐하면 이런 것들이 내 자신감에 영향을 주기 때문이죠. 자신이 평균보다 낮다는 생각이 들면 심리적인 이유로 면접에서 위축될 수밖에 없어요. 그다음엔 많은 경험을 해보고, 자소서를 풍성하게 채워보세요. 다양한 경험을 거쳐온 사람이라면 도전적이고 진취적인 이미지를 만들기 쉽겠죠.

Q⁹

나만의 경쟁력을 찾으라는데, 너무 막연해요. 구체적인 방법을 알고 싶어요

남들이 나에 대해 이야기하는 것들을 정리해
객관적인 내 이미지를 파악해봅시다.
그것이 경쟁력을 높이는 첫 번째 단계입니다.

제가 지금까지 만난 수많은 면접 준비생들의 공통점이 몇 가지 있어요. 그중 하나가 바로 자신에 대해 잘 모른다는 것입니다. 무엇을 잘하는지, 무엇이 부족한지 모릅니다. 인터넷에 떠도는 심리 테스트 검사로 본인을 판단하기도 하죠. 이 경우도 마찬가집니다.

나만의 경쟁력을 찾기 위해서는 다른 사람의 시각이 필요합니다. '넌 참 잘 웃어, 항상 친절한 모습이 좋아, 정말 야무지네, 요리를 진짜 잘해, 참 씩씩한 것 같아, 어학 공부를 정말 열심히 했구나! 멋지다' 등 쑥스러워 흘려보냈던 수많은 정보를 다시 긁어 모아요. 이 가운데 뉘앙스가 비슷한 항목이 있을 겁니다. ==예를 들면 '잘 웃는 사람'과 '친절한 사람'은 '긍정적 태도'라는 분류로 묶을 수 있습니다. 그럼 나는 긍정적인 사람이라고 어필할 수 있어요.== '영어를 잘한다'와 '요리를 맛있게 한다'도 '취미'라는 하나의 범주로 묶을 수 있겠죠. 그리고 나에 대한 평판의 계기나 특징을 분석합니다. 앞서 말한 영어와 요리 두 가지를 잘하게 된 계기가 흥미라면 '좋아하는 일이 생기면 능력을 향상하는 사람'이 되는 것이죠.

경쟁력은 이렇게 찾으면 됩니다. 내가 생각했던 나의 모습과 다를 수도 있어요. 앞서 말했듯 자신을 객관적으로 분석하는 것은 어려운 일이니까요. 물론 인턴십이나 직무 관련 경력, 경험 등 이력서에 기재할 수 있는 능력 역시 경쟁력입니다. 그런데 이런 부분은 이미 이력서에 기재돼 있으니까, 면접관도 쉽게 알 수 있겠죠?

Q¹⁰

장단점을 어떤 방향으로 써야 할지, 어디까지 나를 드러내야 할지 고민입니다

남들이 나에 대해 평가했던 지난 이야기를
토대로 작성하면 됩니다. 너무 친밀하거나 먼 관계가 아닌
지인에게 말할 수 있을 정도로요.

지금까지 다른 사람들에게 들어온 나에 대한 이야기 가운데 비슷한 의미를 가진 것을 묶어서 각각 장점, 단점으로 정리합니다. 예를 들어 '너는 말끝을 흐리는 습관이 있어', '메뉴 결정을 빨리 하지 못해'라는 평가는 결단성이 부족하다는 의미를 담고 있습니다. 나의 단점은 '우유부단함'이라고 정리할 수 있죠.

여기서 잠깐, 많은 분이 실수하는 것이 있어요. 예를 들어 "저는 계획을 잘 세웁니다. 다이어리에 계획을 꼼꼼하게 세우고 실천 여부를 확인해 주어진 일을 완성하려고 노력합니다. 이러한 저의 장점은 단점이기도 합니다. 가끔 돌발 상황이 생겨 계획을 수행하지 못할 때는 마음이 조급해지기도 합니다"라는 말을 하는 것이죠. 이상한 것 찾으셨나요? 장점이자 단점인 것은 없습니다. 장점은 장점이고, 단점은 단점이죠. 장점을 묻는 말에는 "계획을 잘 세우고, 주어진 일을 완성하려고 노력합니다"라고 대답하면 됩니다. 굳이 단점과 보완점을 덧붙일 필요는 없어요.

==단점을 말할 때는 소소하고 인간적인 부분을 어필할 수 있는 점으로 꼽는 것이 좋습니다.== 예를 들어 "건강을 지나치게 염려해 밥을 먹을 때 메뉴 선정에 고민이 많았는데요. 밥은 무엇을 먹냐보다 누구랑 먹는지가 더 중요하다는 얘기를 듣고 요즘에는 좋아하는 사람들과 즐겁게 식사하려고 노력하고 있습니다" 같은 대답이죠. 이때 나의 모습은 '비즈니스적으로 만나는 사이'에서 할 수 있는 이야기까지 보여주면 된답니다.

Q¹¹

나의 단점이나 약점은 잘 알겠는데, 장점이나 강점은 잘 모르겠어요

❝

후회와 반성에서 온 자책의 결과는 아닐까요?
남들의 의견을 들어보고 나의 장단점을
다시 분석해봅시다.

질문만 보아도 평소 자신에게 얼마나 엄격했는지 알 것 같습니다. 그렇다면 본인이 알고 있는 단점과 약점이 객관적 시각으로 분석한 것이 아니라, 나의 후회와 반성에서 온 자책의 결과일 수도 있어요. 처음부터 다시 시작합시다. 나의 장점과 단점은 지난 시간 많은 사람에게 들은 '나에 대한 이야기'를 쭉 메모한 뒤 그중 비슷한 의미를 지닌 메모들을 묶어서 장점과 단점으로 도출하면 돼요.

강점과 약점은 장단점과는 조금 다릅니다. 강점·약점은 내가 회사 생활에 대입한 장단점입니다. 회사 생활을 하면서 내가 특히 잘할 수 있는 것이 강점, 다른 팀원들보다 조금 더 노력해야 할 점이 약점이겠죠. ==강점·약점은 나의 장단점을 먼저 정리한 후, 여기에 비즈니스적 시각을 입히면 됩니다.==

예를 들어, 나의 장점이 계획형이라고 한다면 이를 업무에 활용할 때는 "저의 강점은 업무 프로세스를 계획적으로 운용한다는 점입니다. 여러 업무를 동시에 진행할 때도 순차적인 계획 덕분에 일 처리 속도가 빠릅니다"라고 답변할 수 있겠죠. 나의 단점이 우유부단한 점이라면, "저의 약점은 최종 결정까지 고민이 깊다는 점입니다. 결정 후 결과에 대해 여러 번 되짚어보며 실수하지 않으려 노력합니다. 그렇기 때문에 결정한 후에는 후회하지 않는 편입니다"라는 말을 나의 약점으로 소개하면 되겠죠? 참, 단점이든 약점이든 노력하고 있다는 긍정적 다짐으로 마무리해주세요.

Q¹²

살아온 스토리텔링을
부풀려 쓰면 거짓말하는 것 같고,
사실대로 쓰자니 약점이 될 것 같아요.

솔직하게 작성하세요. 부모님이나 친구와 할 법한 이야기가 아닌,
사회생활을 하며 만난 사람에게 할 수 있을 정도의
수위로 말하면 됩니다.

우선 자기소개서와 이력서, 면접은 모두 솔직해야 합니다. 부풀리고 잘 포장한 이야기를 담은 자소서와 이력서는 운 좋게 통과하더라도 면접까지 붙기는 어렵죠. 입에서 나오는 말은 그럴듯할지라도 비언어적 표현, 즉 눈빛, 표정, 제스처까진 속이기 어렵습니다. 꼬리 질문이 들어오면 당황스럽기도 하고요. 우선 기본 전제는 '솔직함'이라는 사실을 기억하세요.

질문자분께서 "사실대로 쓰자니 약점이 될 것 같아요"라고 했는데, 이런 고민은 아마 글을 많이 써보지 않아서 어디까지 보여주고 어떻게 표현해야 할지 감이 오지 않기 때문일 겁니다. 최대한 여러 번 쓰고 읽고 고치세요. 그리고 주변의 많은 사람에게 보여주세요. 사람들의 보는 눈은 거의 비슷합니다. 잘 썼다고 칭찬받을 때까지 퇴고는 계속해야 합니다.

우선 자소서와 이력서를 쓸 때는 '비즈니스적으로 만난 사이'의 사람에게 나를 소개한다는 가정 아래 시작해보세요. 이런 사이에서 친구의 험담, 나의 트라우마, 부모와의 갈등 등 가족끼리나 할 법한 내밀한 이야기는 하기 어렵겠죠. 결국 ==솔직하게 쓰되 사회생활하면서 만난 사람에게 할 수 있을 정도의 수위까지만 오픈하면 됩니다.== 그리고 나의 솔직한 이야기가 듣는 사람에게 '약점'으로 이해된다면 그 또한 오픈 수위를 조정해야 합니다. 취업과 면접에는 전략이 필요하고, 솔직함에도 선이 필요합니다.

Q¹³

남이 하기 싫은 일을 한 경험을 말해보라는데, 다른 사람도 하기 싫은 일을 제가 왜 해야 하는지 모르겠어요

이 질문의 요지는 조직 생활에 얼마나
잘 적응할 수 있는지를 묻는 겁니다. 내가 남을 위해 기꺼이
배려한 일이라고 바꿔 생각해 답변해보세요.

우선 진정하세요. 문자 그대로의 의미만 받아들이면 안 돼요. '남이 하기 싫은 일을 한 경험'은 무슨 의미일까요? 그리고 이런 질문은 왜 하는 걸까요? 결국 조직 생활에 얼마나 잘 적응할 수 있는가를 묻는 겁니다. 회사는 조직이니까요. 흔히 회사를 톱니바퀴에 비유하곤 해요. 나는 조금도 손해보기 싫고 하기 싫은 일은 하지 않겠다고 한다면 조직이 굴러갈 수 있을까요? 우리 팀 일이 아니더라도 회사의 큰 목표를 위해 협업하며 야근할 수도 있고, 내가 맡은 일을 또 누군가가 시간을 들여 도울 수도 있죠. 그렇게 조금씩 양보하고 배려하며 회사는 굴러갑니다. '남이 하기 싫은 일'이라 함은 결국 '내가 남을 위해 기꺼이 한 일'로 바꿔 생각할 수도 있어요. 그렇게 생각하면 생각나는 에피소드가 한두 가지 정돈 있겠죠?

이 질문에서 한 가지 인사이트를 더 얻길 바라요! 면접 당일에는 정말 스펙터클한 일이 많이 일어납니다. 그중 가장 흔한 경우가 울거나 화를 내는 면접자들이에요. 예민한 상황에서 ==질문을 받고 욱하는 마음이 드는 것은 이해하나, 면접관이 하는 질문은 여러분의 화를 돋우기 위한 것이 아니에요. 여러분의 생각과 가치관, 그리고 성격을 보려고 하는 거죠.== 흔히 '압박 면접'이라는 용어로 잘 알려져 있을 텐데요, 다소 까다로운 질문을 받더라도 절대 감정적으로 대응하면 안 돼요. 잠시 3초 정도 호흡을 가다듬고, 항상 의연하게 답변해야 합니다. 만약 욱하는 마음으로 답변을 했다가는 나의 모난 성격을 그대로 보여주게 되니까요.

Q¹⁴

노력해서 잘할 수 있다는 걸 면접에서 어떻게 보여줄 수 있을까요?

추상적인 느낌이 아닌 구체적인 과거의 경험을 예로 들면서 밝은 미래를 어필해보세요.

'노력할 것이다', '잘할 것이다'처럼 각오나 포부를 말할 때는 그 말의 근거가 필요해요. 미래에 대한 낙관을 주장할 때 뒷받침 할 수 있는 근거는 무엇일까요? 바로 지금까지 살아온 내 모습입니다. 학창 시절 지각을 한 번도 하지 않았다면 앞으로도 성실하게 일할 확률이 높겠죠. 다양한 경험으로 이력서를 채웠다면 앞으로도 꾸준히 도전하는 삶을 살 확률이 높아집니다. 이렇게 지난 시간 동안의 내 모습 가운데 꾸준히 노력해서 이룬 에피소드를 하나 들어보세요. ==100가지 꾸미는 말보다 한 가지 에피소드가 훨씬 신뢰를 줍니다.==

'저는 성실한 사람입니다', '부지런합니다', '사교성이 뛰어납니다', '교우 관계가 좋습니다', '긍정적인 사람입니다' 등 면접장에서 잘 쓰는 말들도 모두 마찬가지입니다. 굳이 나를 꾸미지 않아도 한 가지 에피소드를 들어 설명하면 '이 사람은 이런 사람이구나'라고 면접관도 느낄 수 있겠지요.

예를 들어 면접관에게 "매주 주말 새벽에 자전거 동호회에 참여합니다. 한강을 따라 자전거를 타다 보면 스트레스도 해소됩니다. 동호회 회원들과 함께 먹는 아침은 꿀맛입니다" 같은 에피소드를 소개한다면 건강한 사람, 사교적인 사람이라는 표현을 쓰지 않더라도 건강하고 사교적인 사람으로 인식할 거예요. 나만의 에피소드를 통해 자신의 성격과 성향을 소개해야 합니다. 두루뭉술한 표현은 절대 금물입니다.

Q15

능력은 어떻게 증명하는 건가요?
면접관은 면접을 보는 짧은 시간에
그 능력을 알 수 있나요?

인사하는 포즈, 걸음걸이, 웃는 얼굴, 말할 때 습관,
에피소드를 들어보면 어렵지 않게 알 수 있죠.
다른 면접관들의 평가도 비슷합니다.

흔히 역량(力量)이라고도 하죠. 어떤 일을 잘 해낼 수 있는가를 평가하는 역할이 면접관의 주요 임무입니다. 여기서 말하는 역량의 의미는 업무와 연관되어 있으므로 나의 업무 능력과 성격을 보여주는 에피소드로 선택해 자신을 드러내세요.

"저는 협상을 잘하는 사람입니다. 대학 축제 때 모두가 만족할 축제를 만들기 위해 본부를 설득해 잔디 마당에 불멍 감성 캠핑을 기획했습니다. 기존에 없던 이벤트라 학교 측의 염려도 컸습니다. 대신 잔디를 훼손하지 않고, 쓰레기는 자체 처리하고, 안전사고에 대비한 질서 체계 등 스태프의 안전 교육까지 제안했습니다. 그 결과 두고두고 손꼽힐 멋진 축제가 되었습니다"라고 역량을 보여주면 돼요. ==이력서에 쓸 수 있는 업무 경력이 있다면 관련 업무를 잘 처리한 적이 있다는 능력을 보여주는 근거가 됩니다.== 더욱 쉽게 증명할 수 있겠죠?

짧은 면접 시간에 어떻게 평가하느냐는 질문을 정말 많이 받습니다. 저 또한 면접자일 때 의구심이 들었죠. 그러나 수많은 지원자를 대하다 보면 한눈에 보입니다. 인사하는 포즈, 걸음걸이, 웃는 얼굴, 말할 때 나오는 습관, 에피소드 내용 등 아주 직관적으로 알 수 있죠. 재밌는 사실은요, 나중에 결과를 열어보면 저의 평가와 다른 면접관들의 평가가 아주 비슷하다는 거예요. 사람이 보는 눈은 비슷하고, 면접관도 사람이니까요.

Q 16

마지막에는 뭐라고 해야
좋은 인상을 남길 수 있나요?

면접을 준비하면서 느낀 감정을
담담하게 전달해보세요.

누구나 마지막 순간엔 아쉬움이 남겠죠? 무엇보다 임팩트 있는 말을 하고 싶다는 생각도 들 거예요. 개인적으로는 면접을 준비하면서 느낀 회사에 대한 인상이나 자신이 느낀 소소한 감정들을 담담하게 전하는 면접자가 인상 깊었어요. ==미사여구나 화려한 수식어 등을 동원해 멋지게 포장하는 것보다 진솔한 말 몇 마디가 더욱 신뢰를 주거든요.==

마지막 말에는 너무 큰 에너지를 쏟지 않아도 됩니다. 면접을 준비하며 무얼 느꼈나, 한번 찬찬히 돌아보세요. 회사가 면접자에게 미리 면접을 안내하며 보낸 세심한 메시지에 감동받은 이야기도 좋고, 준비하는 동안 앞으로 이런 부분을 더 해보고 싶다는 동기부여가 된 경험도 좋고요.

혹은 면접 당일 면접장에 와서 느낀 회사에 대한 소감을 간략히 얘기해도 좋아요. "분주해 보이는 회사 분위기를 보니 얼른 합격해서 일하고 싶다는 생각도 불끈 듭니다!"와 같이 열정을 조금 보태어도 좋고요. 마지막 멘트는 진솔하고 담담하게, 감정을 조금 섞어보세요. 면접관도 사람인지라 그 간절함과 열정에 공감하게 될 겁니다.

Q17

무난하게 답변하는 것이 좋을까요,
개성 있게 답변하는 것이 좋을까요?

개성 있게 답변하는 것이 좋습니다.
다만 특이한 답변을 말하는 것이 아닙니다.

당연히 개성 있게 답변하는 것이죠! 그런데 질문을 조금 더 정확히 정의합시다. 여기서 말하는 개성은 톡톡 튀는 특이한 답변만을 말하는 것이 아닙니다. 개성 있는 답변이란 결국 남이 할 수 없는, 나만 할 수 있는 이야기를 의미하는 거죠. 그러니 ==자신의 이야기, 자신의 에피소드로 답하는 것이 곧 개성 있는 답변이라 할 수 있습니다.==

스스로 무난하다고 느끼는 답변은 나의 에피소드 모음집에서 제외하세요. 그런 경우는 보통 주어를 바꾸더라도 통용되는 답변인 경우가 많습니다. 즉, 내가 아니라 내 친구가 답변해도 내용상 크게 문제없는 것이죠. 이런 답변은 경쟁력이 없습니다. 주어를 절대 바꿀 수 없는, 내가 느끼고 경험한 에피소드로 답변해야 합니다. 많은 면접자 가운데 나만 할 수 있는 이야기를 선별하세요.

한 가지 더해, 면접은 몹시 압박감이 느껴지는 자리입니다. 제한된 시간 안에 내게 주어진 질문에 가장 인상적인 답변을 해야 합니다. 네, 맞아요. 아무리 경험이 많아도 늘 긴장되고 떨리는 자리입니다. 그래서 다른 경쟁자들보다 더욱 완벽한 대답을 해야 한다는 압박감도 들게 돼요. 하지만 더 잘해야 한다는 생각은 버려요. 나만의 에피소드로 답변을 준비했다면 누구도 따라올 수 없을 거예요.

Q[18]

예상 질문과 답변을 생각하지만,
이게 맞는 답변인지 모르겠어요

답변에 맞고 틀린 것은 없습니다.
면접을 내가 원하는 방향으로 만들어가세요.

면접에서 맞고 틀린 답은 절대 없습니다. 다만 시사 상식이나 업무 지식에 대한 질문이라면 정확한 정보가 있으니 실수하지 않아야 합니다.

인성 면접이나 역량 면접에서는 예상 질문을 추측하는 것이 큰 의미가 없습니다. 저도 면접에서 나온 첫 질문이 전혀 뜻밖이었어요. "날씨가 너무 좋네요. 뭐 타고 오셨어요?"였거든요. 그런 질문은 제 질문 리스트에 없었습니다. 시작부터 당황한 면접은 결국 산으로 가며 불합격으로 끝나고 말았죠. 그래서 면접 준비는 질문에서 답을 찾는 것이 아니라 '거꾸로' 해야 합니다.

어떤 질문이 나올지는 아무도 몰라요. 질문을 정확히 예측할 순 없지만, 답변은 이미 정해져 있잖아요. 우리가 살아온 시간 속의 에피소드들을 미리 정리해뒀으니까요. ==어떤 질문을 하든 내가 면접에서 꼭 이야기하고 싶은 에피소드로 하나씩 대답하면 돼요.== 제가 만약 그 시절로 돌아간다면 이렇게 대답할 거예요.

"네, 저는 버스를 타고 왔습니다. 오다 보니 정말 날씨가 좋더라고요. 예전에 제가 프랑스 남부 지방에서 교환학생을 한 경험이 있는데, 그때 날씨가 떠올랐습니다. 설레는 마음으로 왔습니다."
"프랑스에 다녀왔어요? 그럼 불어를 할 줄 알아요?"
이런 식으로 면접을 내가 원하는 방향으로 만들어가세요.

Q 19

면접 보다가 왠지 망한 것 같다는
느낌이 들 땐 어떻게 해야 하나요?

분위기로 면접의 당락을 판단할 수는 없습니다.
당황하지 말고 마지막까지 최선을 다하세요.

그런 마음이 들 수도 있습니다. 저도 꽤 여러 번 느껴봤거든요. 그런데 면접은 끝날 때까지 끝난 게 아니에요. 수많은 변수가 있고, 대답을 잘하지 못한 것 같아도 그런 모습을 오히려 진솔한 사람으로 평가하는 면접관도 있으니까요. 면접 중간에 당황스러운 마음이 들더라도 동요하지 말고 마지막까지 최선을 다해 답변하고, 인사하며 나와야 합니다. 재밌는 사실은 "이번엔 떨어질 것 같아요"라고 했다가 덜컥 붙거나, "저 이번엔 면접 진짜 잘 봤어요. 막힘없이 술술 대답했어요!"라고 했다가 떨어지는 사례가 굉장히 많다는 거예요. 그만큼 나의 느낌이란 몹시 주관적 부분이라 결과는 마지막에 뚜껑을 열어봐야 안다는 것이죠.

그런데 여기서 주의할 점은 =='망한 것 같다'는 느낌이 나의 마음을 지배하도록 두면 안 돼요. 면접에는 자신감과 긍정적 표현 등 심리적 요소가 굉장히 중요한 부분으로 작용합니다.== 부정적 생각이 스쳐 지나가는 것이 아니라, 내 자신감과 심리적 요소에 영향을 주기 시작하면 그 면접에서 좋은 결과를 기대하긴 힘들겠죠.

면접 중간에는 이러저러한 생각을 하지 않도록 하세요. 설령 부정적 느낌과 생각이 들더라도 최선을 다해 끝까지 정성스레 나를 보여주세요. 결과는 나의 노력에 따라 자연스레 따라옵니다.

Q²⁰

경력 단절이나 휴식 기간에 대해
항상 물어보는데, 어떤 대답이 좋을지
모르겠네요

솔직하게, 그러나 분명하게
이유를 설명해주세요.

납득할 수 있을 만한 이유를 말해야 합니다. 그러지 않으면 마치 목표 없이 허송세월만 보낸 느낌을 주게 되거든요. 어떤 이유라도 상관없지만, 되도록 '탐험, 탐구, 도전' 등을 하며 지금 이 나이에만 할 수 있는 소중한 경험을 해보고 싶었다라는 이유면 더 좋겠죠. 예를 들어, 휴학 기간 동안 열심히 여행을 다니며 다양한 사람을 만났다든가, 평소 관심 있는 분야의 시험을 준비하며 비록 성공하진 못했지만 내가 느낀 점 등 공백이 아니라 '탐험, 탐구, 도전'의 시간이었음을 충분히 어필하면 됩니다.

단 너무 솔직한 답변은 위험해요. 앞서 언급했듯이 '비즈니스적인 사이'에서 얘기할 수 있는 정도의 선을 유지하세요. 바쁜 생활이 싫증이 나서 쉬다 보니 기간이 길어졌다라든지, 시험에 자꾸 떨어져서 결국 여기 왔다라든지 등 친구 사이에서나 할 법한 이야기는 지양해요. 경력 단절도 마찬가지입니다. 내가 그 시간을 분주히 보냈다고 에피소드를 들어 설명하면 돼요. 충분히 이해 가능합니다.

이력서상 잠깐의 공백은 괜찮습니다. 그런데 사실 '이 공백을 어떻게 설명하지?' 하고 지레 겁먹고 고민하는 경우가 더 많은 것 같아요. 조금 더 자신감을 갖고 설득력 있는 이유를 찾아보세요. 그 시간은 분명 '탐험, 탐구, 도전'의 시간이었을 거예요.

Final check

D-3 면접 3일 전,
자료부터 꼼꼼히

다음 리스트부터 꼼꼼히 챙겨보자.
추가로 생각나는 것이 있다면 빈칸에 적는다.

NO	면접 3일 전, 확인해야 할 목록	✓
1	면접 시작 시간과 도착 시간 체크	
2	면접 장소로 가는 길, 소요 시간 및 주차 정보	
3	헤어, 메이크업, 의상 대여 등을 예약했다면 일정 및 장소 확인	
4	면접 볼 회사 및 산업에 대한 이슈	
5		
6		
7		
8		
9		
10		
11		
12		
13		
14		
15		
기타		

D-1 면접 전날,
나만의 에피소드 확인

Final check

면접 하루 전날에는 많은 것을 하려고 하기보다 지금까지 해왔던 것을 다시 돌아보는 것이 중요하다.

NO	면접 1일 전, 확인해야 할 목록	✓
1	나만의 일곱 가지 에피소드	
2	면접장에 들어서면서부터 면접이 끝날 때까지 시뮬레이션 연습	
3	웃는 연습/ 인사 연습/ 이름 말하기 연습	
4		
5		
6		
7		
8		
9		
10		
11		
12		
13		
14		
15		
기타		

Final check

D-DAY 면접 당일,
꼭 챙겨 가야 할 준비물 리스트

마인드컨트롤이 가장 중요하다.
필요한 준비물은 전날 챙겨놓을 것!

NO	면접 당일 준비물	✓
1	신분증, 제출이 필요한 서류	
2	펜, 메모지,	
3	옷핀, 스타킹, 실핀, 손거울	
4	휴지, 물티슈	
5	물 또는 마우스 스프레이	
6	사탕 등 가벼운 간식	
7	비상시 사용할 현금	
8		
9		
10		
11		
12		
13		
14		
15		
기타		

💬 면접 전날 준비 팁!

- 잠이 오지 않는다면 굳이 일찍 잘 필요는 없다. 심리적 압박감에 쫓기지 말고, 하던 대로 편안하게 잠들고 조금 일찍 일어나면 된다.

- 생각보다 면접 시간에 늦는 면접자들이 많다. 대중교통을 이용한다면 꼭 회사 위치를 다시 확인하고, 운전을 해서 간다면 주차 공간을 확인하는 등 여러 변수를 염두에 두는 것이 좋다.

- 네비게이션 지도에서 알려주는 면접장 도착 안내 시간보다 30분 정도 여유 있게 출발한다. 미리 도착해서 화장실도 가고, 회사 분위기도 익히면 도움이 될 것. 무엇보다 배탈이 나거나, 신고 있는 스타킹의 올이 나가거나, 교통편이 늦어지는 등 예기치 않은 일이 생겼을 때 시간을 활용할 수 있다.

- 면접은 그날의 컨디션과 자신감이 미치는 영향이 매우 크다. 시작도 하기 전 시간에 쫓기면 안 된다. 그렇지 않아도 긴장되는데 마음이 불안해진다. 그러므로 항상 일찍 준비하고 서둘러 여유 있게 도착하자!

- 모든 준비는 리스크가 없는 것이 좋다. 최대한 여러가지 경우의 수를 생각하고, 만약에 대비해 리스크 없는 쪽을 선택하자.

- 아침은 간단히 먹는 것이 좋다. 평소 아침을 먹지 않는다면 억지로 먹을 필요는 없지만 따뜻한 두유라도 먹어 속을 든든하게 만들자.

- 구두는 깨끗이 닦아서 신고 출발하자. 혹시 모를 상황에 대비해 물티슈는 필수.

- 간단한 손거울을 챙겨 가면 좋다.

한경 CAREER

인터넷 검색은 그만!
반드시
이기는 면접

PUBLISHER
김정호　Jungho Kim

EXECUTIVE DIRECTOR
하영춘　Youngchun Ha

EDITOR IN CHIEF
이선정　Sunjung Lee

EDITORS
윤제나　Zena Yoon
강은영　Eunyoung Kang

DESIGNERS
현예림　Yerim Hyun
문지영　Jiyoung Moon

SALES&DISTRIBUTION
정갑철　Kapchul Jung
선상헌　Sangheon Sun
조종현　Jonghyun Choi

초판 1쇄 발행일 2023년 10월 12일

ISBN 978-89-475-0037-1 (92320)
서울 중구 청파로 463 한국경제신문사 6층
02-360-4859

www.hankyung.com